주 예수 그리스도 시대부터
20세기 동안 이어진 기독교의 역사

피 흘린 발자취

J.M. 캐롤 글 | 박상훈 옮김

꿈꾸는사람들

그리스도 시대부터 오늘날까지 수세기에 걸쳐 내려온 믿음의 사람들과 침례교회의 역사와 주춧돌을 놓은 사람들의 발자취를 좇아서

J. M. 캐롤

이 책은 그동안 미미하게 알려진 우리 주 예수의 신실한 증인들의 역사를 알리기 위하여 출판되었습니다.

"또 우리 형제들이 어린 양의 피와 자기들이 증언하는 말씀으로써 그를 이겼으니 그들은 죽기까지 자기들의 생명을 아끼지 아니하였도다"(계 12:11)

일러두기

성경 구절들은 개역개정판에서 인용하였습니다.

차례

머리말   6

제1강   A.D. 30~500년   15

제2강   A.D. 600~1300년   39

제3강   A.D. 1400~1600년   57

제4강   17·18·19세기   73

제5강   미국의 신앙   87

후기   106

머리말

클래런스 워커

I _____

J. M. 캐롤 박사는 1858년 1월 8일 아칸소주에서 태어났으며 1931년 1월 10일 텍사스에서 하늘의 부름을 받았다. 캐롤 박사는 침례교 설교자인 아버지를 따라 여섯 살 무렵 텍사스로 이주했다. 그리고 텍사스에서 회심하고 침례를 받은 후 복음사역자로 임명받았다. 캐롤 박사는 나중에 텍사스 침례교회의 지도자가 되었으며 남침례교회와 전 세계에 이름을 알렸다.

몇 년 전 캐롤 박사가 우리 교회에 와서 이 책의 내용과 같은 메시지를 전하였을 때 나는 캐롤 박사의 연구에 큰 관심을 가지게 되었다. 때마침 나 역시 어떤 교회가 가장 오래되었으며 신약 시대의 교회들과 가장 가까운가 하는 특별한 교회사 연구를 하고 있었기 때문이다.

캐롤 박사의 강의에 참석하였던 J. W. 포터 박사 역시 깊은 감명을 받았고 만약 캐롤 박사가 강의의 내용을 글로 옮긴다면 책으로 출판하고 싶다고 제안하였다. 그러자 캐롤 박사는 강의의 내용들과 교회사를 일목요연하게 정리한 도표를 주며 책을 출판하도록 허락하였다.

안타깝게도 캐롤 박사는 이 책이 발간되기 전에 세상을 떠나고 말았다. 하지만 포터 박사가 캐롤 박사의 책을 펴냈을 때 초판은 곧바로 완판되었다. 이제 우리는 하나님의 은혜로 20,000부에 이르는 제66판(2018년 4월 기준)을 내놓게 되었다. 『피 흘린 발자취』를 읽고 공부하는 모든 분에게 이 책이 계속 증쇄를 펴낼 수 있도록 기도와 수고에 동참해 줄 것을 부탁드린다.

> 영원부터 만물을 창조하신 하나님 속에 감추어졌던 비밀의 경륜이 어떠한 것을 드러내게 하려 하심이라 이는 이제 교회로 말미암아 하늘에 있는 통치자들과 권세들에게 하나님의 각종 지혜를 알게 하려 하심이니 교회 안에서와 그리스도 예수 안에서 영광이 대대로 영원무궁하기를 원하노라 아멘(엡 3:9, 10, 21)

II _____

캐롤 박사에게 각기 다른 교파들의 역사, 특히 교파들의 기원에 관해서 관심을 가지게 된 계기를 직접 들었을 때 깜짝 놀랐다. 이 책은 캐롤 박사가 70세가 넘은 나이에 쓴 것이지만 그는 회고를 통해 '하나님께로 회심한 어린 시절, 수많은 교파들이 있는 것을 보았고 그중 어떤 것이 우리 주 예수께서 세우신 교회인지 궁금하였다'고 하였다.

캐롤 박사는 청년 시절, 성경과 역사에 대한 연구를 통해서 가장 오래되고 신약에 묘사된 초대 교회들과 가장 가까운 교회를 발견할 수 있으리라고 믿었다. 이러한 탐구 열정은 캐롤 박사가 여러 곳을 돌아다니며 교회사에 관한 가장 훌륭한 장서를 수집하는 데에 이르게 하였다. 캐롤 박사가 수집한 장서들은 그가 세상을 떠났을 때 텍사스주 포트워스의 남서침례교신학원에 기증되었다.

캐롤 박사는 교회사의 많은 사실들을 발견하였는데 대부분 가톨릭과 프로테스탄트에 관한 것들이었다. 그가 발견한 침례교회의 역사는 피로 기록된 것이었다. 중세 암흑기(The Dark Ages)에 멸시당한 사람들의 피의 역사였다. 설교자와 성도들은 옥에 갇혔고 정확한 숫자를 헤아릴 수 없는 수많은 사람들이 죽임을 당하였다. 암흑기 가톨릭 지배층에 의해 침례교회에 내려진 고난과 핍박은 견줄 만한 것이 없을 정도로 가혹하였다. 당시 교황은 세상의 독재자였으며, 바로 그 때문에 재침례교도(Anabaptist)들은 종교 개혁 이전의 교황을 적그리스도라 불렀다.

중세 암흑기 침례교회의 역사는 당시 공식 문서와 자료에도 기록되어 있다. 우리가 다음의 기록에서도 알 수 있듯이 '피 흘린 발자취'는 이러한 역사적 기록들을 관통해 이어져 오고 있는 것이다.

취리히에서 츠빙글리와 재침례파 사이에 많은 논쟁이 있은 후 의회는 한 법령을 재정하였다. 만약 어떠한 자가 이미 침례받은 자에게 감히 다시 침례를 주겠노라 주장한다면 그들을 물속에 빠뜨려 죽임이 마땅하다는 법령이었다. 실제로 비엔나에서는 많은 재침례파 사람들이 함께 쇠사슬에 묶인 채 일렬로 강물 속으로 들어가 모두 죽임을 당하였다.(Vida Supra, p.61)

A.D. 1539년 사우스워크(Southwark) 건너편에서 재침례교도 두 명이 화형을 당하였고, 그들보다 조금 앞서 다섯 명의 네덜란드인 재침례교도들이 스미스필드(Smith field)에서 같은 방법으로 죽임을 당하였다.(Fuller, Church History)

1160년 침례교도인 바오로파(Paulician) 일행이 옥스퍼드에 들어오자 헨리 2세는 불에 달군 인두로 그들의 이마에 화인을 찍고, 도시의 거리들로 끌고 다니며 공개적으로 군중들 앞에서 채찍질하고, 옷을 허리춤까지 짧게 잘라버리고, 황량한 시골 벌판으로 내쫓으라고 명하였다. 마을 사람들은 그들에게 은신처와 음식을 제공할 수 없었고 그들은 추위와 굶주림으로 고통받으며 죽어 갔다.(Moore, Earlier and Later Nonconformity in Oxford p.12)

1533년 역사가 스토우(Stowe)는 이렇게 말했다.
"5월 25일, 런던의 성바오로 성당에서 19명의 남자와 6명의 여자가 취조를 받았으며, 그들 중 14명이 정죄를 당하였다. 한 남성과 한 여성이 스미스필드에서 화형을 당하였고 나머지 열두 명 역시 런던의 여러 마을들에 보내져 화형을 당하였다."

영국 역사가 프루드(Froude)는 재침례파 순교자들에 관하여 이렇게 말하였다.

"세부적인 것들은 잊혀지고, 그들의 이름도 사라져 갔다. 이제 그 사실들은 거의 언급할 필요조차 없어 보인다. 그들의 죽음에 유럽이 동요한 것도 아니요, 애도 가운데 조령을 내린 법정도 없었다. 어떤 교황도 분개하여 떤 적이 없었고 세상은 그들의 죽음을 만족함과 무관심 때로는 기쁨으로 바라보았다. 여기 25명의 가련한 남성과 여성들 가운데 화형과 고문을 두려워하지 않고, 그들이 믿지 않는 것을 믿는다고 말하도록 꾀던 유혹과 싸운 14명의 남녀가 있었다. 역사는 그들에게 한마디의 찬사도 선사하지 않았지만 그들이 바친 피는 결코 헛되지 않았다. 그들의 목숨은 우리들 대부분의 것들과 같이 평범한 것일지 모르지만 그들의 죽음은 영국의 자유를 얻기 위해 값지게 쓰였다."

캐롤 박사는 여러 동료들의 증언뿐 아니라 적들이 남겨 놓은 자료에서도 지난 세대 침례교회가 걸어 온 피로 물든 역사와 발자취를 확인하였다.

만약 지나간 천이백 년 동안 침례교회가 잔혹하게 고문 받거나 칼로 죽음을 당하지 않았더라면 그들은 모든 개혁주의자들보다 수적으로 더 넘쳐났을 것이다.(Hosius, Letters, Apud Opera, pp.112, 113)

— 트렌트 종교회의 의장 카디널 호시우스(Cardinal Hosius, 1524)

'천이백 년'이라는 세월은 로마 가톨릭이 침례교를 그들이 생각할 수 있는 가장 잔인한 방법으로 핍박한, 종교개혁보다 앞선 시간이었다.

침례교회는 알려진 그리스도인의 공동체 중에서 유일하게 로마 가톨릭과 결코 함께 상징화될 수 없었던 존재였다.

— 아이작 뉴튼(Sir Isaac Newton)

루터와 칼빈이 등장하기 전 유럽의 거의 모든 국가에는 오늘날의 네덜란드 침례교회의 원리를 완강히 고수하던 사람들이 은밀히 숨어 있었다.

— 루터 교회의 모세임(Mosheim)

독자들은 침례교회가 이전에 재침례파라 불리던 그리스도인들과 교파적인 공통점이 있다는 사실을 분명히 접하였을 것이다. 이것은 터툴리안(Tertullian) 때부터 오늘날까지 그들의 정체성의 주요한 원리였던 것으로 보인다.

— 장로교회의 에딘버그 백과사전(Edinburg Cyclopedia)

터툴리안은 사도 요한이 죽고 정확히 50년 후에 탄생하였다.

III

침례교도들은 사도직의 계승을 믿지 않는다. 즉 사도의 직분은 첫 사도들의 죽음과 함께 끝났다는 것이다. 예수님께서 지상사역 중에 맨 처음 교회를 세우셨던 때부터 재림 때까지 계속적으로 교회의 실재를 약속하셨다. 주님은 다음과 같이 약속하셨다.

> 또 내가 네게 이르노니 너는 베드로라 내가 이 반석 위에 내 교회를 세우리니 음부의 권세가 이기지 못하리라(마 16:18)

그리고 주님은 교회들이 수행해야 할 지상명령을 주실 때 다음과 같이 약속하셨다.

> 내가 너희에게 분부한 모든 것을 가르쳐 지키게 하라 볼지어다 내가 세상 끝날까지 너희와 항상 함께 하시니라(마 28:20)

이 사명은 사도들에게만 개인적으로 주어진 것이 아니다. 그들의 교회에 속하고 실재하는 모든 이들에게 주어진 것이다. 지상명령을 주님으로부터 들었던 사도들과 나머지 사람들은 죽고 말았지만 주님의 교회는 시대를 걸쳐 제자를 삼고, 침례를 베풀며, 예루살렘 교회에 맡겨진 진리의 말씀, 즉 교리를 가르치며 사명을 수행해 왔다. 이러한 사명을 수행하는 신실한 교회들은 피 흘린 발자취의 여정

속에 주님과 함께하는 복을 누려 온 것이다.

이 교회의 역사는 교회에 주어진 주님의 약속이 어떻게 성취되어 왔는지를 알려주었다. 캐롤 박사는 주님께서 위임하신 참된 교리의 가르침을 수행한 각 시대의 교회들을 보여 주었으며, 참된 교리들을 신약교회의 특징이라 일컬었다.

신약교회의 특징

1. 머리와 기초를 놓은 자: 예수 그리스도. 그는 입법자요, 교회는 오로지 집행부일 뿐이다.(마 16:18; 골 1:18)
2. 믿음과 실천의 유일한 규칙: 성경(딤후 3:15-17)
3. 이름: '교회', '교회들'(마 16:18; 계 22:16)
4. 제도: 회중적 – 모든 회원의 평등(마 20:24-28; 마 23:5-12)
5. 회원: 오직 구원받은 사람들(엡 2:21; 벧전 2:5)
6. 의식: 믿는 자의 침례, 이를 따르는 주의 만찬(마 28:19, 20)
7. 직분: 감독과 집사(딤전 3:1-16)
8. 사명: 사람들을 구원하고 침례를 베풀며(하나님의 말씀이 요구하시는 모든 것에 합당한 침례로써) 가르치는 것(내가 너희에게 분부한 모든 것을 지키게 하라)(마 28:16-20)
9. 재정 정책: '이와 같이(십일조와 다른 헌금들) 주께서도 복음 전하는 자들이 복음으로 말미암아 살리라 명하셨느니라'(고전 9:14)
10. 싸움의 무기: 영적인 것이요, 육적인 것이 아님(고후 10:4; 엡 6

:10-20)
11. 독립성: 교회와 국가의 분리(마 22:21)

IV _____

어느 도시에나 다양한 교회들이 있다. 그리고 모두가 스스로 참된 교회라고 주장한다. 캐롤 박사는 각각의 교회가 가진 특징들과 가르침을 살펴서 신약교회의 특징들과 참된 교리의 가르침을 가진 교회들을 선별하였다. 이것은 이제 여러분에게도 가능한 일일 것이다. 하나님의 말씀 안에서 가르치는 특징들과 교리를 가진 교회야말로 참된 교회라 불릴 자격이 있다.

캐롤 박사는 각 시대의 교회들을 검토한 결과 많은 교회들이 신약교회의 특징과 교리에서 동떨어져 있다는 사실을 발견하였다. 하지만 캐롤 박사가 발견한 어떤 교회들은 주님께서 아래와 같이 약속하신 이래로 신약교회의 특징들을 충실히 따르고 있었다.

> 이 반석 위에 내 교회를 세우리니 음부의 권세가 이기지 못하리라(마 16:18)
> 내가 세상 끝날까지 너희와 항상 함께 있으리라(마 28:20)

이 역사를 인상적인 방법으로 이렇게 표현할 수 있을 것이다.
'그리스도와 사도들 그리고 충성스러운 이들이 가르친 교리의 역사'

제1강

A.D. 30 ~ 500년

> 옛날을 기억하라 역대의 연대를 생각하라 네 아버지에게 물으라 그가 네게 설명할 것이요 네 어른들에게 물으라 그들이 네게 말하리로다(신 32:7)

오늘날 우리가 일컫는 기독교 혹은 그리스도교는 A.D. 25~30년경 세계 역사상 가장 큰 제국 중의 하나인 로마제국의 경계 안에서 그리스도와 함께 시작되었다.

로마제국은 당시 사람이 거주하리라 알려진 거의 모든 세계를 점령하고 있었고, 티베리우스 카이사르(Tiberius Caesar)는 제국의 황제였다.

당시 로마제국은 이교 국가였다. 많은 신을 숭배하는 다신교를 믿었는데 어떤 신들은 물질적인 존재로 묘사되고, 다른 신들은 상상의 산물이었다. 수많은 추종자와 숭배자들이 활동하였으며, 단순히 백성들을 위한 종교라기보다 제국을 위한 종교에 가까웠으며, 합법적으로 설립되고 제국의 지원을 받았다.(Mosheim, Vol.1, Chap.1.)

당시 유대인들은 더 이상 로마와 분리된 민족이 아니었으며 로마제국 전역에 흩어져 거주하였다. 예루살렘에는 아직 유대인들의 성전이 있었고, 제사를 위해서 여전히 예루살렘으로 갔고, 자신들의 종교에 대한 열정도 예전과 같았다. 그러나 다른 이교도와 마찬가지로 형식주의에 치우치다가 결국은 힘을 잃어 갔다.

 세상에 속한 종교가 아닌 그리스도교는 설립자인 주님으로부터 세상적인 지도력이나, 현세적 능력을 부여받은 것이 아니다. 그들은 국가적 종교로서의 설립이나 주정부나 제국의 지원을 바라지도 않았으며, 티베리우스 황제의 폐위도 요구하지 않았다. 교회의 기초를 놓으신 주께서 "가이사의 것은 가이사에게 하나님의 것은 하나님에게"(마 22:19-22; 막 12:17; 눅 20:20)라고 가르치셨다. 영혼을 살리는 종교이기에 교회는 세속적 정사의 경쟁자가 아니었다. 오히려 그리스도인들은 모든 시민법과 정부를 존중할 것을 지도받았다.(롬 13:1-7; 딛 3:1; 벧전 2:13-16)

 이제 나는 그리스도 교회의 특색과 귀표(ear-mark)라고 말할 수 있는 몇 가지 사실에 대해서 여러분의 주의를 환기시키고자 한다. 만약 우리가 20세기가 넘는 오랜 기간, 특히 순교자들이 흘린 피로 물든 1,200년 동안의 중세 암흑기를 고찰하고자 한다면 이러한 특징들을 잘 명심해 두어야 한다. 교회들이 수없이 심각하게 훼손된다 할지라도 이러한 특징들은 결코 지워지지 않고 남아 있을 것이다. 그러나 주의와 기도하는 마음으로 경계를 늦추지 않아야 한다. 우리는 많은 위선과 허상에 마주하게 될 것이며, 어떤 상황에서는 선택된 그리스도인들까지도 속임과 배신을 당할 것이기 때문이다. 우리는 가능한 한 신뢰할 만한 역사 위에서, 더 나아가 틀림없고 확실한 하나님의 말씀과 진리의 특징들 위에서 고찰이 이루어지기를 바라는 바이다.

틀림없고 확실한 몇 가지 특징들 _____

만약 우리가 수세기를 고찰해 가는 동안 어떤 단체나 무리, 즉 성경에서 유래한 뚜렷한 특징을 기준으로 삼지 않고 오히려 다른 것들을 근본적인 교리로 가르치는 이들을 만나게 된다면 다음에 유념하자.

1. 기독교의 창시자 그리스도는 그를 따르는 자들과 제자들을 하나의 교회로 조직하였다. 이 기독교가 널리 전파됨에 따라 또 다른 교회들이 그의 제자들에 의해 조직되었고, 그리고 또 다른 제자들이 그들에 의해 세워지게 되었다.(Ray, Bapt, Succession, Revised Edition, 1st Chap.)

2. 교회는 기록된 말씀을 따라 그리고 사도와 초대교회의 실제적 규범에 따라 오직 두 가지 종류의 직분이 주어졌는데, 그것은 감독과 집사이다. 감독은 '주교'라고도 불렸다. 감독과 집사는 모두 교회에 의해 선출되며 교회 안에서 섬기는 직분이 되어야 한다.

3. 예루살렘 교회가 안디옥 교회를, 안디옥 교회가 에베소 교회를, 에베소 교회가 고린도 교회를 주장하지 않음과 같이, 각 교회는 운영과 훈육에 있어서 서로가 서로에게 온전히 분리되고 독립적이어야 한다. 교회의 운영은 회중적이며 민주적인 것이어야 하는데, 이

것은 구성원에, 구성원에 의한, 구성원을 위한 운영을 말한다.

4. 교회에서는 오직 두 가지 성례의식이 이루어지는데, 바로 침례와 주의 만찬이다. 이것은 영속적이고 기념적인 의식이다.

5. 오직 구원받은 자들만이 교회의 참된 구성원으로 받아들여지며(행 2:47), 구원은 율법의 행위가 아니라 오직 하나님의 은혜로 구원이 이루어진다(엡 2:5, 8, 9). 구원받은 자들만이 아버지와 아들 그리고 성령의 이름으로 침례를 받을 자격이 주어진다(마 28:19). 또한 이와 같이 받아들여지고 침례를 받은 자들만이 주의 만찬에 참여할 수 있다. 주의 만찬은 오직 교회의 지위 안에서 교회에 의해서만 시행되어야 한다.

6. 성령의 영감으로 기록된 성경, 보다 실재적인 표현을 빌리자면 신약의 말씀, 그것만이 하나의 유기적 조직으로서 교회뿐 아니라 조직에 속한 개별 구성원의 신앙과 삶을 위한 규범과 지침이 될 수 있다.

7. 예수 그리스도는 교회의 설립자이며 모든 구성원의 구원자가 되신다. 그분은 유일한 왕과 제사장이요, 유일한 주이시며, 교회법의 제정자, 그리고 교회의 머리가 되신다. 교회는 단지 주의 뜻과 완성

된 법을 실행하는 집행부이며 결코 기존의 법을 수정 혹은 삭제하거나 새 법을 스스로 제정하는 입법자가 되어서는 안 된다.

8. 그리스도교는 개인을 존중하는 인격적인 종교이며 설득을 통해 순수한 자발성으로 이루어진다. 어떤 강압이나 정부의 강제가 아닌 엄연히 개인적이고 인격적인 선택이다. '너희가 선택하라'는 것은 성경의 권고 명령이다. 이 명령은 누군가 대신 받아들이거나 거절할 수 있는 것이 아니며 강압적으로 이루어지는 것도 아니다.

9. 그리스도와 그의 사도들은 따르는 이들에게 '가톨릭', '루터교', '장로교', '성공회' 등 오늘날 우리가 알고 있는 교파의 이름들을 결코 주신 일이 없다는 사실을 기억하기 바란다. 그리스도께서 요한에게 주신 이름 '침례자' 혹은 '침례 요한'은 결코 교파적 의미로 주신 것이 아니다.(마 11:11, 10, 12.) 그리스도는 그분을 개별적으로 따르는 자들을 '제자'라 명하시고 둘 혹은 그 이상은 '제자들'이라 명하셨다. 제자들의 모임은 예루살렘 혹은 안디옥 다른 어느 곳이든 상관없이 '교회'라 불렸다. 하나 이상의 개별적인 조직들은 '교회들'이라 불렸다. '교회'라는 단수(singular)의 단어는 결코 하나 이상의 여러 조직을 위하여 쓰인 일이 없었으며 심지어 그들 전체를 묶어서 표현할 때도 마찬가지였다.

10. 한 가지 더 두드러진 특징은 '교회와 국가의 완전한 분리'이다. 영혼을 구원하는 종교가 세속적인 힘과 어떠한 타협이나 섞임이 없이 온전히 이루어지는 만인을 위한 '신앙의 자유'를 말한다.

이제 본격적으로 역사를 이해해 나아가기에 앞서 다음의 도표(110쪽 참고)를 주의해서 살펴보자. 도표를 주의 깊게 관찰함으로써 역사에 대해 더 풍성하게 이해할 수 있을 것이며, 보고 들은 것을 기억하는 데에도 큰 도움이 될 것이다. 도표가 2,000년의 교회사를 보여 주고 있다는 것을 염두에 두길 바란다.

도표의 맨 위와 아래에 있는 숫자 100~2000에 주의하라. 이 숫자는 1~20세기를 나타내는 것이며, 100 단위의 세로선은 다른 세기를 구분한다.

도표의 아래쪽에 몇 개의 직선이 수평으로 왼쪽에서 오른쪽으로 길게 그어져 있는 것을 유의해서 보자. 가로선들은 세로선으로 구분된 간격만큼의 각 시대들로 구성되어 있다. 어쨌든 여러분은 가로선 전체를 볼 수 없는데 그 이유는 역사상 '암흑기'라 불리는 시대가 검은 음영으로 뒤덮여 있기 때문이다. 이 부분에 대해서는 나중에 설명할 것이다. 아래 두 줄 사이에 있는 것은 이탈리아, 웨일스, 영국, 스페인, 프랑스 등이며 미국(아메리카)이 마지막이다. 이러한 나라의 이름은 암흑기 동안 각 나라들의 이름으로 대표되는 시기의 많은 역사가 그곳에서 이루어진 것을 나타낸다. 역사는 여러 나라들에서 이루어진다. 물론 모든 역사가 다 그런 것은 아니지만 이러한 특별한 시대의 특별한 역사는 이러한 특별한 국가들에 의해 만들어졌다고 할 수 있다.

도표의 아래쪽에서 조금 위에 있는 다른 선에 주의하기 바란다. 이들 역시 부분적으로 암흑기로 덮여 있고 많은 이름이 붙어 있는데 이러한 이름들은 나라 이름이 아니라 그들의 적들이 붙여 준 별명이다. 첫 번째 이름은 '그리스도인'이다.

> 제자들이 안디옥에서 비로소 그리스도인이라 일컬음을 받게 되었더라.(행 11:26)

이는 A.D. 43년경 이교도들과 율법적 유대인들이 그들을 조소하기 위하여 붙였던 이름이다. 몬타니스트(Montanists), 노바티안(Novationists), 도나티스트(Donatists), 폴리시안(Paulicians), 알비젠시스(Albigenses), 왈덴시스(Waldenses) 그리고 재침례파(Ana-Baptists, 아나밥티스트), 그 칸에 있는 다른 모든 이름들도 다 이런 과정으로 주어진 것이다. 이 부분은 나중에 다시 언급할 것이다.

도표의 거의 전면에 흩어져 있는 붉은 원[책에서는 검은 원(●)]은 교회를 나타낸다. 아시아, 아프리카, 유럽 그리고 산간벽촌에 있는 개별적인 교회들이다. (원래 도표에서)원이 피처럼 붉은 것은 순교자의 피를 나타내기 때문이다. 교회의 창설자 예수 그리스도는 십자가에서 죽으셨고 요한과 유다 두 사람을 제외한 모든 사도들이 순교의 피를 흘렸다. 가룟 유다는 주님을 배반하고 자살하였으며 사도 요한은 역사에 따르면 끓는 기름 가마에 던져졌으나 주께서 건져 주셨다.

또한 고리 모양 원(◉)을 여러 개 볼 수 있는데 이것 역시 교회를 나타내고 있다. 다만 잘못된 교회들 즉 삶과 교리의 가르침에 있어서 과오를 범하였던 교회들이다. 베드로, 바울 및 요한이 죽기 전에도 이러한 교회가 다수 존재하였다.

이로써 일반적인 서론과 가장 필요하고 근본적인 예비 과정이 끝났다. 이제 본격적인 교회사 이야기로 들어가 보자.

첫 기간 : A.D. 30~500년

광야에서 온 전도자, 침례 요한의 다소 기이하고 놀라운 영향력과 지도력 아래, 그리스도의 감동적인 사랑과 역사하는 기적의 능력 아래, 그리고 열두 사도들과 그 계승자들의 훌륭한 전파 아래 예수 그리스도의 복음은 초기 500여 년간 힘차게 전파되었다. 그러나 배후에 처절한 피의 발자취를 함께 남기기도 했다. 유대주의와 이교도들은 이러한 복음의 전진을 잔인하게 방해하였고 침례 요한은 그 위대한 지도자들 중에서 순교한 첫 번째 사람이었다. 요한이 참수형을 당하고 얼마 지나지 않아 교회의 창시자이신 구세주께서 돌아가셨다. 십자가에 매달려 참혹한 죽음을 맞으신 것이다.

구세주의 뒤를 따라 지체 없이 많은 순교의 영웅들이 쓰러져 갔다. 스데반은 돌에 맞아 죽었고, 마태는 에티오피아에서 살해되었으며, 마가는 죽을 때까지 거리에서 끌려 다녔고, 누가는 목매어 죽임을 당했고, 베드로와 시므온은 십자가에 못 박혀 죽었다. 안드레는 십자가에 매달렸고, 야곱은 참수형을 당하였으며, 빌립은 십자가에서 맞아 죽었고, 바돌로매는 산 채로 가죽이 벗겨졌으며, 도마는 창에 찔려 죽었고, 동생 야곱은 회당에서 내던져져 죽을 때까지 매를 맞았으며 유다는 화살에, 맛디아는 돌에 맞아 죽었고 바울도 목이 베여 죽임을 당하였다.

이러한 일이 일어나는 동안 백 년 이상의 시간이 흘렀다. 유대주의와 이교주의의 가혹한 박해는 두 세기 이상이나 계속되었던 것이다. 그럼에도 복음은 힘차게 전파되고 있었다. 복음은 로마제국을 비롯하여 유럽, 아시아, 아프리카, 영국, 웨일스 등 어느 곳을 막론하고 소위 문명이 존재하였던 모든 곳에 침투해 가고 있었다. 교회는 크게 늘어났고 제자들의 수효도 계속 증가하였다. 그러나 어떤 교회는 여전히 잘못을 범하고 있었다.

신약성경의 가르침에서 벗어난 첫 번째 변화에는 교회 운영과 교리가 포함되었다. 첫 두 세기 동안에 개별 교회들은 급속도로 번성하였고, 초기의 교회들 즉 예루살렘, 안디옥, 에베소, 고린도 등의 교회는 큰 규모로 발전해 갔다. 예루살렘 교회를 예로 든다면 수천 명(행 2:41, 4:4, 5:14)의 교인들이 있었고 아마도 25,000명에서 50,000명 혹은 그 이상의 규모였을지도 모른다. 사도행전과 목회서신을 제대로 공부한 학생이라면 바울이 그의 시대에 교회들을 바로 세우기 위해 겪은 노고와 사명을 알 수 있을 것이다. 베드로와 바울이 미래에 대하여 예언한 것을 보기를 바란다(벧후 2:12; 행 20:29-31; 계 2장, 3장).

이러한 큰 규모의 교회에는 필연적으로 많은 설교자나 장로들이 있었다(행 20:17). 그런데 그중 어떠한 감독 혹은 목자들은 신약성경이 그들에게 부여하지 않은 권한을 행사하기 시작하였고 다른 교회나 작은 교회들 위에 서서 권위를 주장하기 시작하였다. 그들은 여러 장로들과 함께 하나님의 교회 위에 군림하기 시작하였다(요삼 1:9). 바로 이것이 여러 중대하고 해로운 과오로 번진 오류의 시작이며, 가톨릭은 물론 다른 여러 교파들이 신약성경을 이탈해 범한 잘못으로 향하는 시작이며, 초대교회 본래의 민주적 정책과 다스림에서 전혀 상이하게 벗어난 변화의 시작이었다. 이러한 불법은 2세기 말 이전부터 조금씩 시작되었는데 이것이 신약성경의 교회질서에서 심각하게 이탈한 첫 번째 징후로 여겨진다.

결정적으로 신약성경에서 벗어난 또 하나의 변화는 2세기가 끝나기 전에 시작되었는데 위대한 구원의 교리 그 자체에 관한 것이었다. 유대 사람들은 이교도들과 마찬가지로 오랜 세대에 걸쳐 외면적 의식을 강조하는 교육을 받아 왔다. 그 결과 그들은 결국 모형을 원형으로, 그림자를 실체로 또 의식을 구원의 방편으로 여기기에 이르렀다. 침례의 의식을 과대평가하는 것이 얼마나 쉬운 일인지, 그들은 그 이유에 대해 다음과 같이 설명하였다.

"성경에서는 침례와 관련해 많은 것을 이야기하는데 그에 관한 의식과 의무에 대해 강조하고 있다. 따라서 의식과 의무야말로 구원에 깊은 의미가 있는 것이 틀림없다."

'침례에 의한 중생(Baptismal Regeneration)'의 관념이 뿌리를 내리기 시작한 것이 바로 이때부터였다.(Shackelford p. 57; Camp p. 47; Benedict, p. 286; Mosheim, Vol.1. p. 134; Christian p. 28).

전부는 아니지만 다수의 역사가들이 바로 위와 같은 세기에 또 하나의 심각한 과오가 교회 안에 스며들기 시작했다고 여긴다. 그것은 '침례에 의한 중생'의 개념에 필연적으로 따라오는 것으로 '침례 대상의 변화'이다. 교회가 어떤 오류에 빠져 침례가 구원의 방편과 수단을 의미한다고 주장함에 따라 침례를 일찍 받을수록 더 좋다는 생각이 팽배하였다. 그로 인해 '유아 침례'가 등장한 것이다. 그 이전에는 오직 믿는 자만이 침례의 대상이 되어 왔다. 산수례(물을 머리 위에 뿌리는 침례의식)와 관수례(머리 위에 물을 흘리는 침례의식)에 관한 것은 여기에서 언급하지 않겠다. 이러한 것들은 훨씬 나중에 일어난 일이며 수세기 동안 유아들도 일반 성인과 같이 침례를 받아 왔다. 동방 정교회(가톨릭교회의 큰 분파)는 오늘날에 이르기까지 침례의 근본 형식을 바꾸지 않고 있다. 그들은 유아 침례를 실시하고 있으나 침수례 이외의 다른 방법을 이용하지 않는다. 어떤 교회 역사가는 유아 침례의 시작을 2세기에 두지만 나는 로빈슨의 교회사 연구에서 짧은 구절을 인용하려 한다.

처음 3세기 동안 동방에 있었던 교회들은 각각 독립된 조직체로써 존속하여 왔으며 정부의 원조도 받지 않았다. 그 결과 각 교회는 어떤 세속적인 권력 없이 존재할 수 있었다. 이 당시에는 모두 교회에서 침례를 받았다. 처음 4세기의 교부들은 제롬(A.D. 370) 시대에 이르기까지 그리스와 시리아 그리고 아프리카 사람들이었으며 그들은 성인들의 침례에 관한 엄청난 수의 역사적 기록을 남겼지만 370년까지 어떠한 영혼에게도 유아 침례를 베풀지 않았다.(Compendium of Baptist History, Shackelford p. 43; Vedder p. 51; Christian p. 31; Orchard p. 50, etc).

여기에 기록한 이러한 변화들이 하루 만에 혹은 한 해 동안 이루어진 것이 아니라는 사실을 기억하기 바란다. 변화는 서서히 진행되었고 모든 교회에서 일어났던 것도 아니었다. 어떠한 교회는 그것을 완강히 거부하였는데 A.D. 251년 충성스러운 교회들은 그러한 잘못을 받아들이고 실행한 교회들과 단교를 선언하였고 교회들 가운데 최초의 실재적이고 공식적인 분리가 일어나게 되었다.
그러므로 교회사의 초기에 그리스도와 사도들의 가르침에서 세 가지의 중요하고도 결정적인 변화가 시작되었다는 것을 주목할 가치가 있다. 그리하여 하나의 의미심장한 사건이 일어났던 것이니 개요와 요지를 주의해서 보길 바란다.

- 신약성서의 가르침에서 이탈한 감독과 교회의 정치는 더욱 급속도로 단호해지고 강조되어 결국 더욱 해를 끼치는 원인이 되고 말았다.
- 거듭남에 관한 신약성서의 가르침이 '침례에 의한 중생'으로 변경된 것.
- '믿는 자들의 침례'에서 '유아 침례'로 변경된 것.(이 세 번째 변화는 다음 세기 전까지 일반적인 것이 아니었고 자주 행해진 것도 아니었다.)

'침례에 의한 중생'과 '유아 침례'. 이 두 가지 과오는 잘 정리된 역사의 기록에 따르면 수 세기가 지나면서 더 많은 그리스도인들이 피를 흘리는 원인이 되었다. 이로 말미암은 피는 다른 모든 과오를 합친 것보다 더 많았으며 세계 대전을 제외하고 종교적인 핍박과 관계없는 모든 전쟁에서 흘린 피보다도 많았다. 이 두 가지 과오를 거부하였다는 이유로 '암흑기'인 12, 13세기 동안 5천만 명 이상의 그리스도인들이 순교의 피를 흘렸다.

처음 3세기의 역사를 보면 대다수의 많은 교회를 위한 세 가지 중요한 사실이 선명하게 드러난다.

- 모든 교회들의 분리와 독립
- 감독 곧 목사(pastor)의 청지기적 성격
- 믿는 자들만의 침례

여기에 위대한 루터교회 역사가 모세임의 책(제1편 p.71~72)을 인용해 보자.

교회의 황금시대 감독들의 모습과 다음 세기 감독들의 모습이 일치할 것이라 믿는 사람들은 이들의 확연한 차이점에 혼란스럽고 당황스러울 것이다. 왜냐하면 이 황금시대의 두 세기 동안 감독은 보통 개인의 집에서 운영되는 한 교회를 담당하고 있었으므로 교회의 주인이 아니라 실제적으로 교회의 봉사자 혹은 사역자였기 때문이다. …… 이러한 초창기의 모든 교회들은 다 독립된 개체였으며 어느 하나도 다른 교회의 관할 아래 종속되어 있지 않았다. 사도들이 친히 세운 교회들이 때때로 혼돈스러운 문제가 있을 때에 그들을 위해 상담자의 역할을 하는 일이 있었다 해도 결코 재판권이나 지배권 또는 입법권을 행사하지 않았다. 모든 그리스도인의 교회는 평등한 권리를 가지고 있었으며 모든 점에 있어서 평등의 가치 위에 서 있었다는 것은 정오의 태양빛만큼이나 밝고 명확한 사실이다.

이 기간까지 많은 혹독한 핍박에도 교회들은 놀랄 만한 성장을 거듭하였다. 그들은 대로마제국 전역뿐만 아니라 세계로 퍼져 나갔다. 간혹 예외가 있기는 했지만 로마제국 안에서 사람이 거주한다고 알려진 대부분의 지역에서 주님의 복음을 들었다. 교회 역사가들에 의하면 사도들에 의해 세워진 많은 교회들은 여전히 본래의 모습을 간직하고 있었고 사도들의 가르침에 충실하였다고 한다. 그러나 이미 말한 바와 같이 뚜렷하고 현저하게 나타난 많은 과오들이 여러 교회 안에 숨어들어 뿌리를 내리게 되었고 그 결과 어떤 교회들은 대단히 무질서해졌다.

박해는 더욱더 심해져 갔다. 4세기 초 무렵 로마 정부가 교회를 박해하는 최초의 칙령을 발표하였다. 교회들의 놀라운 성장은 로마제국 이교도 지도자들의 마음을 불안하게 하였고 갈레리우스(Galerius) 황제는 더욱 가혹하게 박해할 것을 명령하였다. 이것은 A.D. 303년 2월 24일에 일어났다. 이전까지는 이교도들이 일정한 법령 없이 박해를 해 왔던 것으로 여겨진다.

그러나 복음의 성장을 저지하려던 칙령의 목적을 이루지 못하자 갈레리우스 황제는 8년 만에(A.D. 311) 첫 번째 칙령을 철회하고 사실상 관용을 의미하는 하나의 법령을 발표하였다. 예수 그리스도 복음의 신앙을 허용하는 법령이었다. 아마 이것이 최초의 호의적인 법령이었을 것이다.

A.D. 313년 초반부까지 교회들은 이교주의에 대하여 압도적으로 승리하였다. 그리고 새 황제가 로마제국의 황제 자리에 올랐다. 그는 박해를 받으면서도 성장을 계속하는 교회들을 보며 분명 이 종교 안에 신비적인 어떤 힘이 있을 것이라 생각하게 되었다. 새 황제는 다름 아닌 콘스탄틴 황제였다. 그는 놀랍고도 실재적인 환상을 경험하였는데 창공에 있는 불타는 붉은 십자가를 보았고, 십자가 위에 다음과 같이 쓰인 글씨를 보았다.

　이것을 가지고 네가 정복하리라.(By this thou shalt conquer.)

콘스탄틴 황제는 이 환상이 자신이 그리스도인이 되어야 한다는 의미라고 해석하였다. 만약 그가 사교를 버리고 기독교의 신령한 권능을 로마제국의 세속적인 권력 위에 더한다면 세상을 쉽게 정복할 수 있으리라 믿었던 것이다. 그리하여 기독교는 사실상 전 세계의 종교가 되었고 로마제국은 전 세계의 제국이 되었다.

그리하여 콘스탄틴 황제의 영도 아래 휴전과 구애와 구혼이 이루어지게 되었다. 로마제국이 황제의 중매를 통하여 교회와 결혼하게 된 것이다. 즉 '그대의 신령한 권능을 우리에게 부여하라. 그러면 우리는 지상의 세속적 권력을 그대에게 주리라'는 식이었다.

이 거룩하지 못한 연합을 효과적으로 진행하고 완성시키기 위해 종교회의가 소집되었다. A.D. 313년 그리스도의 교회들과 대표자들을 회합하기 위한 소집 통고가 내려졌다. 많은 대표자들이 참석하여 동맹을 체결하였고 교권제도가 형성되었다. 교권제도의 질서 안에서 그리스도는 교회의 머리에서 내려오시고 콘스탄틴 황제가 교회의 머리로 (일시적이라 할지라도) 등장하게 되었다.

이 교권제도는 결국 오늘날 가톨릭 또는 우주적(universal) 교회로 알려진 결과를 향해 달려가는 하나의 뚜렷한 출발이었다. 정확하지는 않지만, 시작은 감독과 설교자들에 관한 새로운 개념이 모양을 갖추기 시작한 2세기 말이나 3세기 초 무렵으로 추정된다.

분명히 기억해야 할 것은 콘스탄틴 황제가 종교회의를 소집하였을 때 소집을 거부한 그리스도인들(침례교도)과 교회들이 많이 있었다는 사실이다. 그들은 국가와의 혼인 관계나 중앙집권적인 교회 정치 혹은 그 어떤 형태라 할지라도 개개의 교회보다 높은 권위를 가진 계급적인 교회 정치를 원치 않았다. 이러한 그리스도인들(침례교도)과 교회들은 당시뿐 아니라 이후에도 가톨릭 교파의 교권제도 속에 결코 들어갈 수 없었다.

교권제도가 창설되었을 때 교회의 머리가 된 콘스탄틴 황제 자신은 정작 그리스도인이 아니었다. 그는 그리스도인이 되겠다는 것에는 동의했지만 그와 함께 교권제도의 질서 안에 들어온 그릇되고 잘못된 교회들이 '침례에 의한 중생'이라는 과오를 채택함에 따라 다음과 같은 심각한 의문을 갖게 되었다.

'만약 내가 침례로 말미암아 죄에서 구원을 받는다면 침례를 받은 후에 범하게 될지도 모르는 죄는 어떻게 될 것인가?'

콘스탄틴 황제는 후세의 모든 사람들을 당황케 만드는 질문을 제기하였다. 침례는 아직 범하지 않은 미래의 죄까지라도 씻어 버릴 수 있는 것인가? 또는 침례 받기 전에 범한 죄들을 단지 한 방법(즉 침례)으로 씻어 버릴 수 있으면 침례 받은 후에 범한 죄는 또 다른 방법으로 씻어야 하는가?

이러한 여러 가지 의문들을 만족스럽게 해결할 길이 없었으므로 콘스탄틴 황제는 결국 교회들과의 연합을 결심하였으나 자기가 범한 모든 죄를 한꺼번에 씻어 버리자는 생각으로 죽기 직전에 침례를 받기로 결정하였다. 그리하여 그는 죽기 직전까지 침례를 받지 않았다.

　전 로마제국을 위하여 이방 종교를 추방하고 그리스도교를 수용한 콘스탄틴의 행동은 로마 원로원의 불만을 사게 되었다. 그들은 황제의 방침을 거부하거나 반대하였다. 그들의 반대는 황제의 보좌를 로마에서 비잔틴의 재건된 고대 도시, 즉 콘스탄틴 황제의 이름을 딴 콘스탄티노플(Constantinople)로 옮기게 하는 결과를 초래하였다. 결과적으로 로마제국의 수도는 로마와 콘스탄티노플 두 곳으로 나뉘게 되었고, 두 경쟁적인 도시는 수 세기 후 분열된 가톨릭교회인 로마와 동방 정교회의 중심지가 되었다.

　교권제도가 형성되고 교회와 국가가 결합하기 전에 있었던 교회에 대한 박해는 주로 유대교와 이교주의에 의하여 이루어졌다. 그러나 이후부터 중요한 변화가 일어나는데 바로 그리스도인들(이름뿐인)이 그리스도인들을 박해하기 시작한 것이다. 콘스탄틴은 그리스도인들이 국가 종교라는 그의 새로운 이념에 동참하여 주기를 바라면서 신약성경의 가르침에서 이탈할 것을 우려하는 많은 양심적인 반대자들에게 강제적인 정치권력을 사용하기 시작했다. 그리하여 그리스도와 사도들의 근본적인 가르침에 충성했던 모든 그리스도인들에 대한 가혹하고도 참담한 핍박의 시대가 시작된 것이다.

　지금 우리가 A.D. 300년에서 500년 사이에 일어난 사건에 대하여 말하고 있다는 것을 기억하기 바란다. 콘스탄틴의 지도력 아래 조직된 교권제도는 오늘날 가톨릭교회로 알려진 형태로 급속히 발전해 갔다. 새롭게 개발된 이 교회는 세속적 정치와 결합하여 더 이상 신약성경의 법도를 수행하는 순전한 실행기관이 아니라 법을 수정 또는 삭제하거나 신약성경의 가르침과는 생소한 새로운 법을 제정하는 입법기관이 되었던 것이다.

입법부임을 자처하는 교회가 제정한 가장 파괴적인 결과를 초래한 최초의 법령 중 하나는 '유아 침례'의 제정이다. 이 새로운 법률로 말미암아 '유아 침례'는 의무적인 것이 되어 버렸다. 이것은 A.D. 416년에 이루어진 일이며 이전 한 세기 동안에는 유아들이 침례를 받는 경우가 많지 않았다. 그러나 새로운 법률이 발효됨에 따라 신약성경에 있는 두 가지의 중요한 가르침인 '믿는 자의 침례'와 '자발적이고 개인적인 침례에 대한 순종'이 폐기되었다.

새로운 교리와 법률의 필연적인 결과로써 이러한 오류를 받아들인 교회들은 곧 회심하지 않는 사람들로 가득 차게 되었다. 그리 오래지 않아 회원의 다수가 회심하지 않은 사람들로 채워지자 하나님의 위대한 영적 왕국의 신령한 사업이 거듭나지 아니한 세속적인 권세의 손아귀에 들어가고 말았던 것이다. 이제 무엇을 기대할 수 있겠는가?

충성된 그리스도인들과 교회들은 새로운 법을 거부하였다. 그들에게는 '믿는 자의 침례' 즉 '신약성경의 가르침에 합당한 침례'만이 유일한 법이었다. 그들은 오직 믿는 자의 침례만을 신뢰하였으므로 자신의 자녀들이 침례받는 것을 거절하였을 뿐 아니라 비성경적 조직의 교회들이 주관하는 침례도 거부하였다. 만약 이러한 새 조직에 속한 교회의 회원이 충성된 교회의 회원이 되고자 할 때는 그리스도인으로서의 진정한 경험과 재침례가 요구되었다.

물론 충성된 교회들의 입장은 국교회 주의자들과 진정한 그리스도인이 아니었던 많은 사람들의 불만을 사게 되었다. 그리하여 '그리스도인'이라는 칭호는 이후부터 이러한 오류와 타협하기를 거부하였던 신실한 성도들에게는 쓰이지 않게 되었다. '그리스도인'이라는 이름은 빼앗기고 '몬타니스트', '터툴리아니스트(Tertullianists)', '노바티안', '페이터린(Paterines)' 등 다른 이름으로 불리게 되었다. 어떤 이들은 단지 유아 침례를 받은 사람들에게 재침례를 베푼다는 이유로 재침례파(Anabaptist)라는 이름으로 불리기도 하였다.

유아 침례가 법령으로 세워진 지 꼭 10년 만인 A.D. 426년 '암흑기(Dark Ages)'라 불리는 무서운 시대가 시작되었다. 어둠과 피로 물든 두려움의 시대였다. 이때부터 10세기 이상 충성된 그리스도인들의 발자취는 대부분 그들이 흘린 피로 물들게 되었다. 도표에서 박해받은 이들의 여러 다른 이름들에 유의하기를 바란다. 이러한 이름은 어떤 특별한 영웅적 지도자 때문에 혹은 다른 여러 가지 이유로 붙여졌다. 같은 사람이라 할지라도 국가나 시대에 따라서 이름이 빈번히 달라지기도 하였다.

실제로 교황제도가 뚜렷하게 시작된 것은 '암흑기' 초기였으며,

A.D. 440~461년 사이 레오 2세(Leo II)에 의하여 시작되었다. 그러나 교황이라는 칭호가 사용된 것은 이때가 처음이 아니다. 가톨릭교회의 오류가 미미하게 시작되어 크게 번져 가는 것과 같이 칭호의 사용도 세월의 흐름에 따라 확대되어 갔다. 교황의 칭호는 A.D. 296~304년 사이 로마의 감독에게 처음으로 적용되었고 A.D. 384~398년에 이르기까지 로마의 감독으로 있던 시리시우스(Siricius)가 정식으로 채용하였으며 레오 2세가(440~461) 공식적으로 사용하게 되었다. 그리하여 A.D. 707년부터는 보편적 사용이 승인되었고 그다음 수 세기 후에는 그레고리 7세에 의하여 교황의 독점적인 권리가 선언되었다.

처음 5세기 동안에 일어난 가장 중요한 사건을 요약하면 다음과 같다.

- 민주주의적인 제도에서 교권제도로의 점진적인 변화
- 은혜로 말미암아 얻는 구원에서 침례에 의한 구원으로의 변화
- '믿는 자의 침례'에서 '유아 침례'로의 변화
- 교권제도의 확립. 교회와 국가와의 결혼
- 황제의 거처가 콘스탄티노플로 옮겨진 것
- 유아 침례가 법령으로 제정되어 의무화된 것
- 그리스도인들이 그리스도인들을 핍박하기 시작한 것
- A.D. 426년에 '암흑기'가 시작된 것

- 복음보다도 검과 횃불이 구원을 위한 하나님의 능력이 된 것
- 신앙의 자유라고 볼 만한 모든 것이 사장되어 여러 세기를 지나게 된 것

　신약성경의 가르침에 합당한 충성된 교회들이 어떠한 이름으로 불렸든 간에 가톨릭의 새로운 세속적인 권력에 의하여 최후의 곤경에까지 몰리게 되었다. 살아남은 자들이 온 세상에 흩어져 지상의 숲, 산속, 계곡 그리고 동굴 속에서 불안한 피난처를 찾고 있었다.

제2강

A.D. 600~1300년

제1강은 5세기 말의 역사와 함께 마무리하였다. 그러나 1강에서 아직 언급하지 않았던 많은 사건들이 이전 세기에서 시작되었다. 우리는 이제 세계 역사상 '암흑기'라 알려진 무서운 시대에 입장하였는데 이 시기는 매우 어둡고 피비린내 나는 공포의 시대였다. 제도화된 로마 가톨릭교회에 의한 박해는 가혹하고 잔인하게 계속되었고 많은 지역에서 도피한 그리스도인들을 섬멸하고자 끊임없이 참혹한 전쟁이 뒤를 따랐다. 어느 곳이든 피 흘린 발자취가 이어졌으며 특히 영국, 웨일스, 아프리카, 아르메니아 및 불가리아에서 더욱 그러하였다. 그럼에도 그 밖의 어떤 곳에서는 여전히 신약성경의 가르침에 충실하고자 간절히 노력하는 그리스도인들을 발견할 수 있었다.

이제 '교회일치(Ecumenical)' 또는 '범제국(Empire Wide)'이라는 이름의 종교회의에 주의를 기울여 보자. 이러한 모든 종교회의들은 표면상으로는 사도들과 그 외의 지도자들이 과거에 예루살렘에서 개최하였던 교회회의(행 15:1을 보라)의 형식을 따르는 것처럼 보이지만 실상은 전혀 아니었다. 같은 이름을 쓰고 있지만 이처럼 닮지 않은 것을 찾기도 어려울 것이다. 여기서는 여덟 번의 종교회의에 대해 고찰해 볼 것이다. 그 회의들은 각기 다른 황제에 의하여 소집되었으며 교황이 소집한 사례는 단 한 번도 없었다. 이러한 모든 교회 회의는 주로 동방 또는 그리스 정교회들 사이에서 개최되었지만 때때로 서방교회 혹은 로마 가톨릭의 대표들이 참석하기도 하였다.

첫 번째 종교회의는 A.D. 325년 니케아(Nicea)에서 개최되었다. 콘스탄틴 대제가 소집하였으며 318명의 감독들이 참석하였다.

두 번째 종교회의는 A.D. 381년 콘스탄티노플에서 열렸고 테오도시우스(Theodosius) 대제에 의해 소집되었으며 150명의 감독들이 참석하였다. (처음에는 감독이라 하면 단순히 각각의 교회의 목사를 의미하였다.)

세 번째 회의는 테오도시우스 2세(Theodosius II)와 발렌티안 3세(Valentian III)가 소집하였고 250명의 감독들이 참석하였으며, A.D. 431년 에베소에서 개최되었다.

네 번째 종교회의는 칼케돈(Calcedon)에서 A.D. 451년에 열렸고 마리안 황제(Emperor Marian)가 소집하였다. 500명 내지 600명의 감독들과 수도대감독(Metropolitans)들이 참석하였다(수도대감독은 로마제국의 속주 수도의 감독 또는 주요 교구의 장을 가리킨다). 이 종교회의 동안 오늘날 성모 숭배로 알려진 교리가 공포되었다. 이것은 그리스도의 어머니 마리아를 숭배한다는 의미의 새 교리로 처음에는 굉장한 소동과 심각한 반대를 일으켰으나 결국 가톨릭교회의 항구적인 교리가 되어 승승장구하게 되었다.

다섯 번째 회의는 콘스탄티노플(두 번째 회의가 열렸던 장소)에서 열렸다. 이 회의는 A.D. 553년 유스티니아누스(Justinian) 황제에 의하여 소집되었고 165명의 감독들이 참석하였다. 주로 어떤 문서를 정죄하기 위하여 소집된 것으로 여겨진다.

여섯 번째 회의는 A.D. 680년에 개최되었다. 역시 콘스탄티노플에서 콘스탄틴 페고네이터(Constantine Pegonator) 황제에 의하여 이단을 정죄하기 위하여 소집되었다. 이 회의를 통하여 오노리우스(Honorius) 교황이 면직과 출교를 당하였다. 당시에만 해도 교황무오설이 아직 선포되지 않았다.

일곱 번째의 종교회의는 A.D. 787년 니케아에서 소집되었다. 니케아에서 개최된 두 번째 종교회의였으며 이레네 황후(The Empress Irene)에 의해 소집되었다. 이 회의가 바로 '성상 숭배(Image Worship)'와 '성인 숭배(Saints Worship)'의 분명한 출발점이었던 것으로 보인다. 이러한 사례에서 우리는 복음화되기보다는 오히려 노골적으로 이교도화되어 가는 교회를 보게 된다.

소위 '동방교회 회의(Eastern Councils)'라고 불리는 이 종교회의는 황제들에 의하여 소집된 마지막 종교회의인데 바실리우스 마레도(Basilius Maredo) 황제가 소집하였고 A.D. 869년 콘스탄티노플에서 개최되었다. 이때 가톨릭교회는 심각한 혼란에 빠져 있었다. 가톨릭의 큰 두 줄기, 동방교회와 서방교회, 그리스 로마의 수장들 사이에 굉장히 심각한 논쟁이 일어났던 것이다. 곧 콘스탄티노플의 폰티우스(Pontius) 대제와 로마의 니콜라스 1세(Nicholas the 1st) 사이에 벌어진 논쟁은 결국 서로가 서로를 파문하는 데까지 이르렀고 잠시 동안이지만 가톨릭의 수장은 자리가 비게 되었다. 이러한 난관을 해결하기 위해 종교회의가 소집되었다.

가톨릭 진영의 분열은 오늘날에 이르기까지 만족할 만한 해결책을 찾지 못하고 있다. 그때 이후로 분쟁을 치유하려는 모든 시도들이 수포로 돌아갔기 때문이다. 이후로 교황이 힘의 주도권을 가지게 되었고 모든 교회회의도 황제가 아닌 로마의 교황이 소집하게 되었다. 후기의 종교회의에 관해서는 강의 후반부에 언급할 것이다.

한편 지금까지 언급하지 않은 새로운 교리가 있다. 물론 여러 가지가 언급되지 않고 아직 남아 있지만 그중에서도 특별히 말하자면 '유아 성찬(Infant Communion)'에 관한 것이다. 유아들은 침례를 받았을 뿐 아니라 교회에 받아들여져 성인과 같은 회원이 되고 급기야 주의 만찬에 참여할 자격이 있는 것으로 여겨졌다. 자신을 살피지 못하는 유아가 어떻게 만찬에 참여할 수 있는가가 문제였지만 빵을 포도주에 적시어 주는 것으로써 해결하였고 이것은 수년 동안 실행되었다. 그리고 곧 또 하나의 새로운 교리가 첨가되었는데 바로 유아 성찬이 구원을 얻을 수 있는 또 하나의 방편이라고 가르치게 된 것이다. 여기에 또 하나의 교리가 더 첨가되었는데 이에 대해서는 다시 언급하겠다.

5세기 중엽 A.D. 451년 칼케돈에서 개최된 네 번째 세계교회 회의(Ecumenical Council)에서 급속도로 늘어나고 있는 교리의 목록에 또 하나의 새로운 교리가 추가되었다. 이 교리는 '성모 숭배' 또는 '성모 마리아 숭배'라 불리었다. 그들은 보다 인간의 편에 선 새로운 중보자의 필요성을 주장하였다. 하나님과 사람 사이의 거리는 너무나 멀기 때문에 단 한 사람의 중보자, 설령 그가 하나님의 아들 곧 육신을 입으신 참 하나님 그리스도라 할지라도 또 하나의 중보자 마리아가 필요하다고 생각하였다. 그리하여 마리아를 향하여 기도드리게 되었고 마리아가 그들의 기도를 그리스도에게 전달한다고 여겼다.

8세기에 두 가지의 새로운 교리가 가톨릭교회의 신앙에 첨가되었으니 이는 A.D. 787년 니케아에서 열렸던 두 번째의 종교회의에서 선포되었다. 첫 번째가 '성상 숭배'이며 이것은 다름 아닌 하나님의 계명 중 하나를 범하는 것이었다.

너를 위하여 새긴 우상을 만들지 말고(출 20:4)

이교주의의 영향으로 '성상 숭배'를 뒤따라 첨가된 또 하나의 교리가 있는데 이는 '성인 숭배'이다. 이 교리는 결코 성경에서 장려되지 않는 것이며 단 한 번의 실례가 성경에 나타나 있으나 그것은 오히려 '성인 숭배'가 얼마나 어리석은지를 보여주는 구절로 죽은 부자가 아브라함에게 간청하였던 사건(눅 16:24-31)을 말한다. 사실 교회사를 살펴보면 이러한 것들은 신약성경의 가르침에서 벗어난 많은 변화들 가운데 일부에 불과하였다.

당시 박해를 당하였던 사람들은 여러 다양한 이름으로 불리고 있다. '도나티스트', '페이터린', '카타리(Cathari)', '폴리시안' 및 '재침례파' 등이 있으며 이들 후에 등장한 '페트로-브루시안(Petro-Brussians)', '아놀디스트(Anoldists)', '헨리시안(Henricians)', '알비젠시스' 및 '왈덴시스' 등이 있다. 때로는 한 단체의 이름이 두드러지기도 하고 또 어떤 때에는 다른 이름이 부각되었다. 이러한 이름들 중 일부는 그들이 당한 핍박의 지속성과 잔인함으로 인해 사람들에게 결코 지워지지 않는 강한 인상으로 남아 있는 것도 있다.

그렇다고 해서 박해를 받았던 모든 사람들이 항상 신약성경의 가르침에 충실하였다고 단언하기는 어렵겠지만 그들 대부분은 충성스러운 자들이었다. 그들이 처한 열악한 환경에도 불구하고 놀랍도록 잘해 왔다. 오래전에는 대부분의 사람들이 신약성경이든 구약성경이든 그 일부분만을 가지고 있었다는 사실을 기억할 필요가 있다. 그 시대에는 책을 인쇄할 수도 없었고, 양피지나 짐승의 가죽 혹은 그러한 비슷한 것에 손으로 기록한 것이 전부였기 때문에 성경은 필연적으로 크고 방대한 분량이 될 수밖에 없었다. 따라서 완성된 성경 전권을 소유할 수 있었던 것은 아주 극소수의 가정이나 교회뿐이었다. 정경(The Canon)이 완성되기 전(4세기 말)까지는 완전한 신약성경의 사본이 존재할 가능성은 극히 드물었고 지금 알려져 있는 수천의 사본 중에서도 신약 전권이 포함되어 있는 것은 대략

30부에 지나지 않는다.

더욱이 '암흑기'와 핍박의 시기에는 박해를 받았던 사람들이 가지고 있던 얼마 되지 않는 성경 사본까지도 없애 버리려는 시도들이 왕성하게 이루어졌다. 그러니 그리스도인들이 대부분 성경의 일부분만을 지니고 있었던 것은 당연한 일이었다.

특히 가톨릭의 관점에 부합되지 않는 어떠한 견해도 전파되지 못하도록 하는 극단적인 계획과 수단이 감행되었다는 사실을 주목할 필요가 있다. 첫째로 가톨릭 외의 내용이 담긴 책이나 글은 어떠한 종류의 것이든 빼앗기고 불살라졌다. 이러한 시도와 방침은 여러 세기 동안 엄격하고 꾸준하게 계속되어 왔는데 이것이 정확한 역사를 복원하기 어려운 주요한 원인이 되었다. 타협을 거부한 거의 대부분의 저술가와 설교자들이 순교의 죽음을 당하였다. 실로 피로 얼룩진 시대였으며 완고한 이단자들이라고 불린 핍박받은 그리스도인들은 어떤 이름을 가졌든, 어떠한 곳에 살고 있든 처참한 핍박을 받아 왔다. 도나티스트와 폴리시안들은 초기의 무리들 가운데서도 잘 알려진 사람들이었다. 가톨릭은 이상하게도 자신들과 함께 진정한 믿음에서 이탈하기를 거부하거나 그들이 믿고 있는 것을 받아들이기를 거부하는 모든 사람들을 정죄하였다. 이단성이 있다고 고발하고 결국은 이단종교로 낙인을 찍었다. 가톨릭이라 불리던 그들은 복음에 따르기보다는 오히려 철저하게 이교도화되었으며 유대주의화되었다. 복음의 힘보다도 훨씬 더 세속의 힘에 영향을 받는 자들이 되었고 성경을 바탕으로 한 참된 법을 준수하기보다 오히려 더 많은 새로운 법을 추가하고 바꾸어 갔다.

다음으로 당시 여러 세기 동안 신약성경의 교훈을 벗어난 변화들 중 몇 가지를 살펴보자. 아마 이러한 것들은 공식적으로 공포되고 실시된 것은 아닐 것이다. 사실 그중에는 기원을 정확하게 밝히기가 거의 불가능한 것도 있었다. 말하자면 이러한 변화들은 가톨릭 전체의 시스템과 유사하게, 갑작스럽게 변화하기보다는 시간이 지남에 따라 발전하고 심해진 것들이다. 특히 당시에는 교리나 가르침의 내용을 첨가하거나 삭제하거나 혹은 대체하거나 폐기하여 변경하기가 용이했다. 현재의 가톨릭교회는 과거에 어떠하였든 이미 진정한 의미의 신약적 교회는 아니다. 이미 주어진 하나님의 말씀을 준행하는 순결한 기관이라기보다 그들이 하고 싶은 대로 새 법을 만들기도 하고 주어진 법을 바꾸거나 없애기도 하는 입법기관이 되어 버리고 말았다.

당시 그들이 만든 새로운 교리 또는 법령 중 하나는 '가톨릭교회 밖에는 구원이 없다'라는 것이었다. 즉 그들 외에는 다른 교회가 없다고 선언하였던 것이다. 가톨릭 교인이 되거나 아니면 구원을 잃거나 양자택일할 수 있을 뿐 그 외에 다른 길은 있을 수 없다는 의미였다.

면죄부의 교리와 매매는 신약성경의 가르침에서 이탈한 또 하나의 새롭고 심각한 사례였다. 이 새로운 가르침이 실제로 효력을 갖기 위해서는 또 하나의 새로운 가르침이 반드시 필요하였는데 바로 어마어마한 규모의 천국 신용계좌였다. 본점은 천국이지만 지상에 분점을 두고 통용될 수 있도록 만든 이 교리는 가톨릭교회의 면죄부 판매를 위해 어떻게든 세워져야만 했다. 구원의 방편이기도 하면서 천국의 계좌에 입금되기도 하고 출금되기도 하는 '선행(good works)'이라는 현금 수단의 활용성을 가르쳐야 했다. 천국의 장부에 저축되는 최초의 큰 예치금은 물론 주 예수님의 선하신 공로였다. 그는 아무런 죄악이 없으시며 자신을 위하여 어떠한 선행이 요구되는 분이 아니므로 주님의 선행은 모두 이 계좌에 저장될 수 있었다. 그리고 이에 더하여 사도들이 행한 모든 잉여의 선행(각자 자신들을 위하여 필요한 것에 계산하여)과 그 후에 생존한 모든 착한 사람들의 선행들이 천국의 계좌에 저장되었다. 그리하여 천국의 신용계좌는 이러한 여러 선행이 합해져서 어마어마한 신용계좌가 되었다. 이 막대한 액수 전부가 교회에 위임되었고 오직 교회만이 어떤 가련한 죄인을 위해 필요한 상황에서 그것을 사용할 수 있는 권한을 가지고 있었으며 또한 천국의 신용대출이 필요한 각 사람들을 위하여 적당한 액수를 지불하도록 부과하는 권한 또한 위임받았다고 믿었다. 그리하여 면죄부의 판매가 시작되었고 사람들은 자기 자신을 위해 또는 그들의 친구, 심지어 죽은 친구를 위해서 그것을 살 수 있게 되었다. 면죄부의 가격은 이미 범한 죄와 장차 범할지 모르는 죄에 비례하여 차이가 있었다. 이것이 가톨릭인 자신들에 의해서 가능해지자 더더욱 극단으로 흘러가게 되었다. 일부의 역사 서적과 백과사전에서는 면죄부 판매를 위한 여러 가지 죄과의 가격표가 실제로 있었다고 말한다.

마지막 두 가지가 완벽한 효력을 발휘하기 위해서 다시 또 하나의 새로운 교리가 절대적으로 필요하였는데 그것은 '연옥(Purgatory)'이다. 연옥은 지옥과 천국의 중간지대라 불리는 곳인데 모든 사람은 속죄할 수 없는 죄보다 가벼운 모든 죄를 깨끗이 씻어 버릴 때까지 이곳에 머물러야 한다고 여겼다. 성도라 할지라도 이 연옥을 반드시 거쳐야 하고 불로써 정결함을 입을 때까지 머물러 있어야 했다. 하지만 만약 천국계좌의 도움을 얻으면 상황은 달라진다. 이 도움은 지상에 살아 있는 사람들의 기도와 면죄부 구매를 통해서 얻을 수 있다고 여겨졌다. 그리하여 면죄부의 판매가 시작되었다. 이렇게 성경에서 이탈해 나간 한 가지는 필연적으로 다른 또 하나의 이탈을 불러왔다.

여기서 로마 가톨릭과 동방 정교회의 차이점을 열거하여 보자.

- 민족으로 보면 동방 정교회는 주로 그리스, 러시아, 불가리아, 세르비아 등을 포괄하며 언어로는 헬라어를 사용하는 슬라브 족속이다. 로마 가톨릭은 주로 이탈리아, 프랑스, 스페인, 남부 및 중앙아메리카, 멕시코 등을 포함하는 라틴족속이다.
- 동방 정교회는 침례의 방편으로 산수례와 관수례를 거부하였

으나 로마 가톨릭은 성경의 근본 방법인 침례를 변경할 권리를 주장하면서 전적으로 관수례를 행하게 되었다.

- 동방 정교회는 유아 성찬을 계속 시행하였고 로마 가톨릭은 처음에는 그것이 구원을 얻는 하나의 방편이라 가르쳤으나 나중에는 그것을 폐기하였다.
- 동방 정교회는 주의 만찬을 베풀 때 평신도에게도 빵과 포도주를 베풀었으나 로마 가톨릭은 평신도에게는 빵을 주었고 포도주는 사제들이 마셨다.
- 동방 정교회는 사제들의 결혼을 허용하였으나 로마 가톨릭은 사제들의 결혼을 금지하였다.
- 동방 정교회는 교황무오설을 부인하였고 로마 가톨릭은 그 교리를 받아들여 더욱 강조하였다.

이상이 두 교회의 상반되는 중요한 차이점이며 이외에는 대체로 일치하였다.

이제 9세기를 지나 드디어 10세기로 들어서게 되었다. 도표를 보면 바로 이 시기에 로마 가톨릭과 동방 정교회 사이에 분리가 일어난다. 우리는 여러 세기가 흐르면서 또 다른 새로운 법들과 교리들을 볼 수 있을 것이며 또한 말할 수 없이 잔혹한 핍박을 보게 될 것이다.(Schaff, Herzogg, En, Vol. 11, p. 901)

또 다시 잔악한 박해의 손에 놓였던 사람들에 대해 말하고자 한다. 역사가 강하게 증언하듯이 만약 '암흑기'라 불리던 1,200년 동안 5,000만 명의 사람들이 박해를 받아 죽었다고 한다면 한 세기마다 평균 400만 명 이상이 죽은 셈인데 이는 감히 상상도 할 수 없는 일이다. 전에도 말한 바와 같이 순교자의 피를 동반하는 압제는 폴리시안, 아놀디스트, 헨리시안, 페트로브루시안, 알비젠시스, 왈덴시스, 그리고 재침례교도들에게 시행되었다. 물론 박해의 잔악성 정도는 일정하지 않았으나 이처럼 잔인하고 끔찍한 부분들은 그냥 넘어가도록 하자.

비록 모든 시대에 걸쳐 계속되었던 것은 아니지만, 마침내 장구한 세계교회 회의(Ecumenical Council) 시대가 출현하게 되었다. 여러 해를 걸쳐 많은 종교회의가 이루어지긴 했으나 이것들은 모든 교회가 참여한 것도 아니었고 제국 전역을 포괄한 것도 아니었다. 이러한 종교회의는 대개 국가의 어떤 법이나 종교법을 제정 또는 수정하기 위한 입법기관과 같이 행동하였으며 그 모든 입법 과정이나 법 자체는 신약성경의 가르침에 전혀 상반되는 것이었다. 이것은 세속적 정부와 결탁한 국가가 지원하는 국교회들의 당연한 움직임이었다. 이로 인해 변화의 대상인 국가가 복음화되기보다는 반대로 교회가 순결성을 더 많이 잃게 되었다.

어떠한 사람이든지 믿는 자(그것이 한 개인이든 혹은 전체 교회성도를 의미하든)의 삶에 반드시 필요한 규범을 담고 있는 신약성경을 버리게 된다면 망망한 대양을 표류하는 것처럼 길을 잃게 될 것이다. 그릇된 모든 법은(어떠한 법이라도 성경에 만족하지 않고 더 추가되는 것은 다 그릇된 것이다) 필연적으로 다급하게 또 다른 법을 필요로 하게 되고 그 다른 법은 또 다른 법을 필요로 하게 되어 한도 끝도 없이 계속되기 마련이다. 그렇기 때문에 그리스도께서는 그 교회와 목사들에게 입법적인 권한을 주시지 않았다. 더욱 상세히 말하자면 그것은 왜 신약성경이 다음과 같은 의미심장한 말로써 끝맺는가에 대한 명확한 이유가 된다.

내가 이 두루마리의 예언의 말씀을 듣는 모든 사람에게 증언하노니 만일 누구든지 이것들 외에 더하면 하나님이 이 두루마리에 기록된 재앙들을 그에게 더하실 것이요 만일 누구든지 이 두루마리의 예언의 말씀에서 제하여 버리면 하나님이 이 두루마리에 기록된 생명나무와 거룩한 성에 참여함을 제하여 버리시리라(계 22:18, 19)*

이 짧은 분량의 책에서 종교회의와 입법적 집회에 관하여 많은 내용을 담기는 어려우나 몇 가지 사실들은 언급할 필요가 있다.

---

* 여기에 이 구절을 삽입한 것은 경고를 주기 위함이다. 침례교회는 여러 회의에서 통과된 결의사항을 정하는 데 특별히 주의를 기울여야 한다. 설령 그 결의사항이 단순히 훈계를 위한 것이거나 다른 여러 의미가 있는 것일지라도 말이다. 왜냐하면 그러한 결의들이 교회법과 규범으로 해석될 수 있기 때문이다. 신약성경 안에 이미 필요한 모든 법과 규범이 들어 있다.

교황에 의해 소집된 라테란(Lateran) 공회의들이나 서방교회 회의들 중 최초의 회의는 A.D. 1123년 갈리토스 2세(Calixtus II)에 의하여 소집되었으며 약 300명의 감독들이 참석하였다. 이 회의에서는 로마 가톨릭 사제들의 결혼 금지가 결정되었는데 이것을 사제들의 금혼법(the Celibacy of the Priest)이라 불렀다. 이 회의에서 결정된 다른 사항들은 언급하지 않도록 하겠다.

A.D. 1139년 교황 이노센트 2세(Innocent II)는 페트로브루시안과 아놀디스트로 알려진 두 경건한 그리스도인 단체들을 정죄하기 위하여 또 하나의 종교회의를 소집하였다.

지난 회의가 있은 지 40년 뒤인 A.D. 1179년에 알렉산더 3세(Alexander III)는 또 하나의 종교회의를 소집하였다. 이 회의에서 그들이 '오류와 불경함'이라 불렀던 왈덴시스와 알비젠시스를 정죄하였다.

바로 이전의 종교회의 후 36년 만인 A.D. 1215년에는 교황 이노센트 3세(Innocent III)에 의하여 라테란 종교회의가 소집되었다. 대규모로 개최된 종교회의들 중에서도 아마 가장 많은 사람이 참여하였던 회의일 것이다. 이 회의에 관한 역사 기록에 의하면 412명의 감독과 800명에 가까운 수도원장과 직전수도원장, 그리고 비잔틴 궁정의 사신과 많은 수의 왕자들과 귀족들이 출석하였다고 한다. 이 회합의 구성으로 보아 영적인 사안은 그저 고려 대상의 일부에 지나지 않는다는 것을 알 수 있을 것이다. 이때 '화체설(Transubstantiation)'

이라는 새로운 교리가 선포되었다. 이는 곧 주의 만찬의 빵과 포도주가 사제들이 기도한 후에 실제로 그리스도의 피와 살로 변한다는 설이다. 여러 교리 중에서도 이 화체설은 수 세기 후의 종교개혁의 지도자들을 자극하는 주요한 원인이 된다. 이 교리는 누구든지 주의 만찬에 참여하는 사람은 그리스도의 실제 살과 피를 먹고 마시는 것이라고 가르쳤다. 사제의 귀에 자신의 죄를 은밀히 고백하는 '고해성사(Auricular Confession)'도 이 회의 때 시작되었다고 여겨진다. 세계 역사상 사람들에게 가해진 가장 참혹하고 피비린내 나는 재판은 소위 '종교재판(Inquisition)'이라 알려져 있는 것들인데 주로 이단(Heresy)이라 불리는 사람들에 대한 재판들이었다. 세상은 말할 수 없는 잔악한 정죄로 기록된 죄의 목록으로 점철되었으며 이를 진행하고 실행한 자들은 오히려 이것이 주님의 인도하심과 주관하심 아래서 행해지는 것이라고 억지를 부리고 있었다. 야만성으로 말하자면 역사상 이를 능가할 만한 것을 절대로 찾을 수 없을 정도였다. 그래서 그것을 여기에서 언급하지는 않겠다. 다만 독자들 스스로 종교재판에 관한 많은 책들을 읽고 연구하여 주길 바랄 뿐이다.

다시 원래 이야기로 돌아가 이 회의에서는 그간 이뤄진 수많은 종교재판으로도 아직 부족하다는 듯 모든 이단을 박멸시키고자 하는 또 하나의 법령이 선포되었다. 이 얼마나 암담한 역사인가. 이러한 끔찍한 법령으로 인해 세계 역사에는 너무도 참혹한 사실들이 또 다시 기록되었다.

A.D. 1229년 앞선 공포 회의가 있은 지 14년 만에 또 하나의 회의가 다시 소집되었는데(이것은 세계교회 회의는 아닌 듯하다), 이를 툴루즈 회의(the council at Toulouse)라 부른다. 아마 전 가톨릭 역사 가운데 가장 중대한 사실 중 하나가 이 회의에서 선포되었다. 즉 사제들과 높은 관료를 제외한 모든 가톨릭교회의 구성원인 평신도들에게 하나님의 책인 성경을 허용하지 않는 법령이 공포되었던 것이다. 이것이 얼마나 해괴한 법인지는 다음 말씀의 분명한 가르침을 보면 알 수 있다.

> 너희가 성경에서 영생을 얻는 줄 생각하고 성경을 연구하거니와 이 성경이 곧 내게 대하여 증언하는 것이니라(요 5:39)

A.D. 1245년 또 다른 종교회의가 리옹(Lyon)에서 교황 이노센트 4세(Innocent IV)에 의하여 소집되었다. 이 회의의 목적은 독일 황제 프리드리히 1세(Frederick I)를 파문하여 폐위시키기 위한 것이었다. A.D. 313년 콘스탄틴 대제 시대에 국가와 결혼한 간음한 신부인 가톨릭교회는 이제는 그 집안의 주인이 되어 국가와 정부의 시책을 지휘 명령하였고 국왕과 여왕의 옹립과 폐위를 마음대로 좌지우지하게 되었다.

A.D. 1274년 대 가톨릭교회의 분파인 로마 가톨릭과 동방 정교회를 재통일시키기 위한 또 하나의 종교회의가 소집되었다. 그러나 이 대규모 대회는 목적을 이루는 데 완전히 실패하고 말았다.

제3강

A.D. 1400~1600년

15, 16, 17세기 3세기 동안은 세계 역사상 가장 다사다난했던 시기였다. 특히 교회 역사에 있어서는 더욱 그러했다. 가톨릭교회(로마와 동방 정교회 둘 다)의 내부에서 개혁을 도모하는 혁명이 끊임없이 계속되고 있었다. 드디어 오랫동안 잠자던 양심들이 깨어나고 순수한 종교개혁의 갈망이 바로 13세기 혹은 그보다 조금 앞선 시기에 시작되고 있음을 역사는 분명히 증거하고 있다.

  조금 더 앞으로 돌아가 보자. 신약성경의 가르침에서의 수많은 이탈, 이상하고 잔인한 다양한 법들, 심각하게 낮은 도덕적 수준, 그리고 수백만 순교자들의 피로 물든 그들의 손과 옷으로 말미암아 가톨릭교회는 많은 가톨릭 내부 신자들의 증오와 배척을 받게 되었다. 자신의 종교를 증오하고 배척한 이들은 오히려 가톨릭이 추구하던 조직이나 법령 혹은 교리나 의식보다 훨씬 뛰어난 사람들이었다.

  이러한 가톨릭 안에서 가장 용감하고 영적인 면에서 뛰어난 사제들과 지도자들 중 일부는 가톨릭의 가장 그릇된 교리와 법령을 개혁하고, 신약성경의 단순한 가르침에 최대한 가까이 돌아가고자 간절히 시도하였다.

몇몇 실례를 들어 보자. 우리는 개혁의 불길이 얼마나 넓게 펴져 있었고, 어디에서 일어났는지를 주의해서 봐야 할 뿐만 아니라 또한 개혁의 지도자들에게도 관심을 가져야 한다. 지도자들은 모두 가톨릭의 사제들이나 어떠한 종류의 직분을 가진 사람들이었다. 그렇게 악의 관영함 속에서 약간의 선이 남아 있었던 것이다. 그러나 이미 당시에는 본래의 순수함을 보존하며 손상되지 않은 신약성경의 교리는 하나도 없었다. 이제 몇몇 개혁자들과 그들이 활동했던 무대를 살펴보자.

위대한 종교개혁 시대에 앞선 여러 세기 동안 가톨릭의 이단적인 교리에 항거했던 수많은 저명한 사람들이 있었다는 사실을 주목해야 한다. 그들은 성경에 충성된 자로 남으려 힘을 다해 노력했고 그들에게 남겨진 피 흘린 발자취가 모든 것을 말해 준다. 그럼 이제 그 유명한 종교개혁 시대에 관하여 간단히 살펴보자.

A.D. 1320년에서 1384년까지 온 세상의 이목을 집중시킬 만한 한 사람이 영국에 살고 있었는데 그가 바로 '존 위클리프(John Wycliff)'였다. 그는 가톨릭교회 내부의 개혁을 단행하고자 했던 용감한 동지들의 선구자였다. 역사는 그를 '종교개혁의 새벽별'이라고 부르며 간절하고도 의미 있는 생애를 산 사람으로 소개한다. 존 위클리프의 생애를 충분히 기록하려면 한두 권의 책으로는 모자랄 것이다. 그는 가톨릭 교권제도의 지도자들에게서 온갖 미움과 증오

를 받았고 언제나 그의 목숨을 노리는 사람들의 위협 속에 있었다. 그는 결국 중풍으로 세상을 떠났다. 하지만 몇 년 뒤 그를 증오한 가톨릭교회에 의해 유골이 다시 파내져 불살라지고 재는 강물에 뿌려졌다.

존 위클리프의 뒤를 이어 멀리 보헤미아에서 저명한 인물 '존 후스(John Huss, 1373~1415)'가 나왔다. 그는 영국의 새벽별인 위클리프의 찬란한 빛에 감화되어 이에 반응한 용기 있는 사람이었으며 용감하고 파란만장한 삶을 살았으나 애석하게도 생은 짧게 마감하였다. 그가 제시한 개혁은 가톨릭인들에게 호의적인 반응을 이끌어내기보다는 두려움과 증오, 반대를 일으켰고 결국 그는 화형(火刑) 당하게 되었다. 존 후스는 보헤미아 국민들마저 반대하는 가운데 순교했지만 그럼에도 보헤미아 국민들의 선을 추구하였고 주님을 사랑하는 만큼 또한 국민들을 사랑했다. 이렇게 해서 그 역시 가혹하게 죽임을 당한 수백만의 순교자들 중 하나가 되었다.

보헤미아의 존 후스 다음으로 이탈리아가 낳은 아들이며 탁월한 설교자인 '사보나롤라(Savonarola, 1452~1498)'가 있다. 존 후스는 1415년에 화형을 당하였고 사보나롤라는 37년 후에 태어났다. 그는 후스와 같이 경건한 가톨릭 교인이었으나 보헤미아와 마찬가지로 이탈리아 국민들과 지도자들 역시 모든 개혁에 반대하고 있다는 사실을 깨달았다. 그러나 그는 유능한 설교로 많은 사람들의 양심을 일깨우고 상당한 수의 제자들을 얻는 데 성공하였다. 사실 교권제도 안에서의 참된 개혁은 조직체 상류층의 몰락을 의미하였다. 따라서 사보나롤라 역시 후스와 같은 결말을 피할 수 없었고 결국 화형을 당하였다. 위대한 시대의 탁월한 설교자인 사보나롤라는 다른 어떠한 이보다 뛰어난 존재였다. 그러나 그가 싸운 상대는 강대한 조직체였으며 그들은 조직의 존속을 위해 개혁운동을 말살해야 했기에 결국 사보나롤라는 죽임을 당할 수밖에 없었다.

이 시대에 사명을 다하였던 개혁자들의 이름을 열거하면서 많은 이들이 생략되었는데 지면관계상 역사적으로 가장 두드러지는 사람들의 이름만 언급하고자 한다. 황금의 혀를 가진 이탈리아의 웅변가 사보나롤라의 뒤를 이어 스위스에서 한 사람이 등장했다.

'츠빙글리(Zwingle)'는 사보나롤라가 죽기 전인 1484년에 태어났고 1531년에 생애를 마쳤다. 그의 영향으로 개혁의 영성은 이제 나라 전체를 덮기 시작했고 그 불길은 빠르게 일어나 급속도로 확대되어 통제하기가 어려워졌다. 다만 츠빙글리가 점화한 개혁의 불길은 다른 또 하나의 위대한 불길이 일어나기까지 부분적으로 잦아들었고 그는 전쟁에서 죽게 되었다. 또 하나의 불길은 나머지 어떤 것보다 중대한 것이었으며 독일에서 발생하였다.

'마틴 루터(Martin Luther, 1483~1546)'는 15, 16세기의 모든 개혁자들 중에서 가장 저명한 사람이었으며 츠빙글리보다 1년 먼저 태어나 15년을 더 살았으므로 동시대 사람이라 할 수 있다. 역사가 진술하는 것 이상으로 그는 역사의 길을 먼저 걸으며 험난한 길을 평탄

하게 만들어 준 위대한 선배들에게 빚을 지고 있다. 더욱이 그는 선배들이 당하였던 험난한 경험들과 이후 자신이 당하였던 일부의 경험들을 통하여 가톨릭 내부에서의 순수한 개혁은 도저히 불가능하다는 사실을 알게 되었다. 그것은 너무나 많은 개혁의 수단이 필요하였고, 한 가지 방법은 또 다른 방법을 요구하게 되고, 다른 방법은 또 다른 방법을 필요로 하는 끝도 없는 것이었다.

그리하여 마틴 루터는 가톨릭의 지도자들과 여러 가지 험난한 싸움을 겪은 후 멜란히톤(Melanchthon)과 그 외의 저명한 독일 사람들의 도움을 받아 1530년 혹은 그즈음에 오늘날 '루터교회'라고 부르는 전혀 새로운 기독교 단체를 설립하였다. 루터교회는 이후 독일의 공식적인 국교회가 되었다. 이것이 바로 로마에서 직접 갈라져 나온 조직체의 첫 출발이었으며 모체가 되는 가톨릭교회(가톨릭은 스스로를 어머니 교회라 불렀다)에 대한 모든 관계를 거부하고 존속하여 갔다.

이제 초기의 루터교회 다음으로 일어난 영국교회에 관한 것을 잠시 뒤로하고 유럽 대륙의 종교개혁에 대해 살펴보기로 하자.

1509년에서 1564년 사이에 살았던 또 한 명의 위대한 종교개혁자가 있었으니 프랑스 사람이면서 당시 스위스에 거주한 것으로 보이는 '존 칼빈(John Calvin)'이다. 그는 매우 유능한 사람이었고 30년 동안 루터와 같은 시대에 살고 있었으며 츠빙글리가 죽었을 때 22세였다. 칼빈은 장로교회의 창설자라고 불린다. 어떤 역사가들은 츠빙글리가 창설자에 더 가깝다고 여기지만 믿을 만한 역사적 증거들을 살펴보면 칼빈을 창설자로 보는 데에 무리가 없다. 그러나 루터와 함께 츠빙글리의 업적은 칼빈의 개혁운동을 훨씬 더 쉽게 만들었다는 것은 자명한 사실이다. 그리하여 루터가 루터교회를 설립한 지 꼭 11년 만인 1541년 장로교회가 창설되었다. 이 역시 루터교회의 경우와 마찬가지로 개혁파 사제 또는 최소한의 직분을 맡고 있던 사람들에 의하여 지도되었던 것이다. 위클리프, 후스, 사보나롤라, 츠빙글리, 루터 및 칼빈 등 위대한 종교개혁의 지도자들은 가톨릭이 근본적으로 휘청거릴 만한 타격을 주었다.

A.D. 1560년 스위스 제네바에서 칼빈이 최초의 장로교회를 조직한 지 19년 만에 칼빈의 제자 '존 녹스(John Knox)'는 스코틀랜드에서 최초의 장로교회를 설립하였다. 그리고 32년 후 1592년 장로교는 스코틀랜드의 국교가 되었다.

종교개혁을 위한 이 처절한 수고의 시기에 개혁자들에게 끊임없이 귀중한 원조를 제공한 것은 다름아닌 우리가 기억하는 재침례교도였다. 그들은 그들 자신의 험악한 운명에서 벗어나길 희망하며 자신들의 은신처에서 나와 개혁자들과 함께 용감히 싸웠다. 그러나 무섭고 실망스러운 운명이 그들을 기다리고 있었으니 이제 그들은 자신들을 핍박하는 두 적을 마주하게 되었다. 루터교회나 장로교회

모두 모체인 가톨릭교회가 가진 악습들 중 하나인 국가 교회라는 개념을 답습하였다. 두 교파는 곧 국가 설립 교회가 되었고, 모체 가톨릭교회에는 미치지 못하지만 핍박을 자행하게 되었다.

피 흘린 발자취

오랫동안 시달려 온 재침례교도들의 운명은 슬프고도 두려운 것이었다. 이제 세상은 그들에게 피난처를 제공하지 않았고 잔인한 박해자들은 그들을 뒤쫓기에 바빴다. 실로 그들에게 남은 것은 피 흘린 발자취뿐이었다.

같은 때에 장로교회보다 몇 년 앞서 대륙이 아니라 영국에서 또 하나의 교파가 일어났다. 이것은 종교개혁의 형식으로 일어났다기보다는 (그것이 종교개혁을 용이하게 한 것은 확실하지만) 가톨릭으로부터 실제적인 분리 또는 분열의 형식으로 나타났다. 마치 869년에 동방 가톨릭이 서방으로부터 분리되고 그때부터 역사상 동방 정교회와 로마 가톨릭이라는 이름으로 알려지게 된 것과 같은 것이었다. 이 새로운 분리는 대체로 다음과 같은 이유로 일어나게 되었다.

영국의 왕 헨리 8세(Henry VIII)는 스페인의 캐서린(Catherine)과 결혼하였으나 불행하게도 변덕스런 그의 마음은 얼마 후 앤 불린(Anne Boleyn)을 사랑하게 되었다. 그는 캐서린과 이혼하고 앤과 결혼하기를 원했지만 쉬운 일이 아니었다. 이혼은 교황만이 허락할 수 있었는데 이 경우 특별한 이유로 교황이 허락을 거절하였다. 헨리는 큰 곤경에 빠지게 되었다.

그리하여 왕은 이러한 일에 있어서 자신의 의사대로 처리할 권리가 있어야 한다고 생각하게 되었다. 수상 토머스 크롬웰(Thomas Cromwell)은 왕에게 조언하기를 "어찌하여 왕께서는 이러한 일에 교황의 권리에 복종하려 하십니까?" 하고 물었다. 헨리는 크롬웰의 조언을 따라 교황의 권리에 복종하지 않고 스스로 영국교회의 수장이 되었다. 여기에 새로운 영국국교회(성공회)가 시작되었는데 이것은 1534년 혹은 1535년에 이루어진 일이다. 당시 영국교회는 교리에는 아무런 변화 없이 다만 교황의 권세만을 폐기하였다. 헨리 8세 역시 자기 자신이 개신교인이 되었다고는 결코 생각하지 않았으며 가톨릭의 신앙을 가진 채 죽었다.

그러나 이 분리는 궁극적으로 상당한 변화와 개혁을 가져오게 되었다. 가톨릭이 교황의 힘 아래 있을 때에는 내부 개혁이 불가능하였지만 분리 후에는 이것이 가능해졌다. 크랜머(Cranmer), 라티머(Latimer), 리들리(Ridley)를 비롯한 여러 사람들이 중요한 변화를 가져왔다. 그러나 몇 년 뒤 그들은 변화에 대한 피의 대가를 치르게 되었다. 이는 이혼당한 캐서린의 딸 메리(피의 메리, Bloody Mary) 공주가 영국의 왕위에 올라 새로운 교회를 다시 교황의 권세 아래로 되돌리려고 했을 때 일어났다. 이 무섭고 참혹한 일들은 메리의 피로 물든 5년의 통치가 끝나면서 종말을 고하였다. 그러나 앤 불린

(캐서린은 그녀 때문에 이혼당함)의 딸 엘리자베스가 여왕이 되었을 때 사람들은 부분적인 자유를 누렸고 영국국교회는 교황의 권세를 타도하고 다시 재건되었다.

그리하여 16세기가 마무리되기 전 다섯 개의 국교회(세속 정부의 지원을 받는 교회)가 있었다. 로마 가톨릭과 동방 정교회가 그중 둘이요, 그다음 영국국교회와 루터교회(독일교회), 그리고 오늘날 장로교회라 알려져 있는 스코틀랜드 교회가 있다. 이들은 재침례파라 불리었던 사람들과 왈덴시스 그리고 독립적인 여러 교회들 곧 어떠한 점에서나 가톨릭과 아무런 관계를 맺고 있지 않았던 교회들을 매우 미워하고 핍박하였다. 종교개혁을 위한 투쟁에 있어서 재침례파의 큰 공헌은 이미 잊혔고 간과되었다. 매일같이 여인들과 어린아이들을 포함한 수천 명 이상이 그칠 줄을 모르는 핍박 속에서 죽어가고 있었다. 종교개혁으로 인하여 각성되고 고취되었던 위대한 소망은 피로 물든 망상이었다는 것이 여실히 드러나게 되었다. 그리하여 생존자들은 알프스 산속에서 불안한 도피처를 찾거나 온 세상으로 다른 은신처들을 찾아다녔다.

가톨릭에서 분리하였거나 거기에서 나온 새로운 세 교파들은 가톨릭이 가지고 있었던 가장 해로운 과오들을 여전히 간직하고 있었는데 몇 가지를 들면 대체로 다음과 같다.

- 성직자 제도(형식과 외관은 다름)

- 국가교회(교회와 국가의 결합)
- 유아 침례
- 산수례 또는 관수례로 침례를 대신함
- 침례에 의한 중생(만약 증언한 역사가들의 말이 믿을 만한 것이라면 적어도 약간은)
- 다른 그리스도인들을 핍박(최소 몇 세기 동안)

초기에는 이러한 모든 국가교회들이 다른 교회를 박해하였지만 1555년 아우크스부르크(Augsburg)에서 개최되었던 종교회의에서 서로 다른 교파의 사람들을 핍박하지 않겠다는 소위 '아우크스부르크의 평화'라 알려진 일종의 평화조약이 이루어졌다. 가톨릭교회와 그리고 다른 한 편인 루터교회가 만나 서로를 핍박하지 않기로 조인하였다. 즉 '우리에게 상관하지 말라! 우리도 너희를 간섭치 않겠노라'는 것이었다. 왜냐하면 가톨릭인이 루터교인들과 싸운다는 것은 곧 독일과 전쟁을 한다는 것을 의미하였고 루터교인들이 가톨릭인들과 싸우며 그들을 박해한다는 것은 곧 가톨릭교회가 우세한 모든 나라들과 전쟁을 한다는 것을 의미하였기 때문이다.

그러나 박해는 그치지 않았다. 미움을 받았던 재침례교도들은(오늘날 침례교도라고 부름) 이전에 이루어진 모든 박해와 5천만 명이라는 성도들이 순교를 당했다는 끔찍한 사실에도 불구하고 수많은 성도들이 존재했다. 순교의 기간에 30마일의 외길로 되어 있는 유럽의 한 도로를 따라 두서너 발 간격으로 화형 말뚝이 하나씩 세워져 있었고 뾰족한 말뚝 끝마다 순교당한 재침례교도들의 피 묻은 머리가 달려 있었다. 인간의 상상력으로는 이렇게 무서운 광경을 그려내는 것조차 불가능하리라! 더욱이 믿을 만한 기록에 의하면 이러한 일은 온유하고 겸손하신 예수 그리스도의 충성된 제자라 자칭하는 사람들에 의해 저질러졌다.

가톨릭은 성경을 신앙과 생활의 유일한 규범과 지침으로 존중하지 않았다. 그들은 사실 성경을 오류가 없는 것이라 주장하면서도 성경과 동등하게 절대적인 권한을 갖는 두 가지 내용을 추가하였는데 곧 '교부들의 저서'와 교회(가톨릭)의 법령 혹은 절대 무오한(unerring) 교황의 선언이라는 것이다.

그러므로 가톨릭교회와 개신교회 혹은 가톨릭교회와 침례교회 사이에는 이러한 성경에 대한 관점의 차이로 최종적 합의가 불가능하기 때문에 결국 만족할 만한 논의는 이루어질 수 없었다. 가톨릭 교회와 해결할 수 없었던 일들의 대부분은 성경만이 최종적 권위를 가진다는 것 때문이었다.

그러면 침례에 관한 여러 질문과 그리고 침례의 실시와 형식에 관하여 무엇이 과연 최종적인 권위를 가지는지에 대하여 예를 들어 보자. 성경은 의심할 것 없이 침례를 가르치고 있으며 또한 그 유일한 방법으로서 침례를 가르치고 있다고 그들은 말한다. 이와 동시에 그들은 그들의 무오한 교회가 그 방법을 침수례에서 산수례로 변경시킬 수 있는 완전한 권한을 가지고 있다고 주장하며 동시에 절대 무오한 교황 외에는 다른 누구도 그러한 권리와 권위를 가지고 있지 않다고 주장하였던 것이다.

여러분은 이러한 사실을 알고 놀라겠지만 이 강의에서는 극히 조금밖에 인용하지 못하였다. 그럼에도 2,000년에 이르는 교회사의 중요한 골자를 단 여섯 시간의 강의로 축약하여 전달하고자 하는 이 막중한 일에 최선을 다하고 있음을 기억해 주기 바란다.

이러한 무서운 핍박의 세기 동안에 성경과 관련하여 일어난 사실들을 알아두는 것이 좋을 듯하다. 인지해 두어야 할 일은 당시에는 성경이 인쇄되어 있지 않았으며 설령 인쇄술이 발명되었다 할지라도 인쇄할 만한 종이가 없었다는 사실이다.

염소나 양의 가죽으로 만든 양피지나 파피루스(나무의 줄기로 만든 필기용지)가 글을 적는 데 사용되었다. 또한 오늘날 우리들이 사용하고 있는 것과 같은 펜이 아니라 철필과 같은 것으로 손으로 쓴 것인데 결국 모두 기록하면 상당한 분량이 되고 만다. 그러므로 성경과 같은 큰 서적은 아마 한 사람이 운반하기에는 너무나 방대하였을 것이다. 따라서 전 세계에서 성경 전권이 고스란히 발견된 것은 30부 이상을 넘지 못하였으며 대체로 마태, 마가, 누가, 요한복음이나 사도행전 또는 서신서 중의 몇 권 그리고 요한계시록이나 구약 중의 어떤 것, 이렇게 몇 권씩 부분으로 되어 있었던 성경이 있었을 정도였다.

내 생각에 전 세계 역사상 가장 뛰어난 기적 중 하나는 하나님의 백성들이 복음의 중요한 요점에 대하여 함께 동일한 생각과 믿음을 가지고 있다는 사실이다. 물론 이는 하나님만이 가능케 하신 일이다. 오늘날 각기 자기 모국어로 되어 있는 성경전서의 완전한 사본을 누구나 다 가질 수 있다는 것은 참으로 복된 일이다.

　성경에 관한 또 하나의 중요한 사실에 대하여 진지하고 특별한 고찰을 기울여 보는 것이 좋을 것이다. 이것은 이번 강의 이전에 이미 간략하게 언급한 바가 있지만 대단히 중요한 사실이기 때문에 한 번 더 언급하는 것이 바람직하리라 생각된다. 이것은 A.D. 1229년에 개최되었던 툴루즈 종교회의에서 가톨릭이 취하였던 행동인데 이때 그들은 수많은 교인 곧 일반 '평신도'들이 하나님의 말씀인 성경을 읽지 못하도록 결정하였던 것이다.

　그런데 최근 한 가톨릭 교인이 내게 조용히 말하기를 '우리가 그렇게 한 목적은 그들이 성경을 자기 마음대로 해석하는 것을 방지하기 위해서였다'고 하였다. 하나님께서 자기의 백성을 위하여 성경을 기록하시고 그 백성들이 읽는 것을 원치 않는다고 생각하는 것은 말도 안 되는 일이다. 더구나 성경의 가르침을 온전히 따를 때에 심판 날에 넘어지지 않고 바로 설 수 있다고 성경은 증명하고 있다. 성경에 관한 다음과 같은 말씀은 놀라운 것이 아니다.

너희가 성경에서 영생을 얻는 줄 생각하고 성경을 연구하거니와 이 성경이 곧 내게 대하여 증거하는 것이니라(요 5:39)

이 무서운 책임을 가톨릭은 감당하여야 할 것이다.

제4강

17·18·19세기

제4강은 17세기(A.D. 1601)의 초부터 시작된다. 우리는 시간 관계상 부득이하게 많고 중요한 교회들의 역사를 서둘러 지나왔다.

17~19세기에 이르는 3세기는 전혀 새로운 교파의 출현과 함께 시작하였다. 어떤 역사가들은 그 새로운 교파인 회중교회(처음에는 독립파라 부름)의 시작을 1602년이라 보고 있다. 그러나 쉐프 헬조그 백과사전에서는 회중교회의 기원을 그보다 훨씬 앞선 16세기에 두고 있으며 루터교회나 장로교회와 같은 시대로 생각한다. 위대한 종교개혁의 흐름 가운데 가톨릭에서 나온 수많은 사람들은 루터와 칼빈이 주도하던 종교개혁의 범주에 도저히 만족할 수 없었다. 그리하여 그들은 성직자 규범과 정치의 관념을 버렸으며 신약성경의 민주적인 원리로 돌아가기로 결정하였다. 이 민주적인 원리는 콘스탄틴의 교권제도에 가담하기를 거부하였던 사람들이 15세기 동안 지켜 온 것이었다.

특별한 개혁을 위한 새로운 교파의 확고한 주장은 가톨릭이나 루터교회 그리고 장로교회와 영국교회 등 국교회들로부터의 가혹한 핍박을 초래했다. 그러나 이 교파 역시 가톨릭이 범한 수많은 과오를 고스란히 지니고 있었는데 예를 들면 유아 침례, 산수례, 관수례를 베푼 것이다. 그리고 나중에는 극단적인 수준의 국가와 교회의 관념을 채택하고 실시한 것 등이다. 그리하여 그들이 미국으로 건너온 후 그들 역시 가혹한 핍박자가 되어 버렸던 것이다.

'독립파(Independent)' 혹은 오늘날 '회중교회(Congregationalists)'라고 불리는 이름은 그들이 만든 교회의 운영 형태에서 온 것이다. 쉐프 헬조그 백과사전에 기록되어 있는 영국 회중교회의 두드러진 원리 몇 가지를 들면 대략 다음과 같다.

- 예수 그리스도는 교회의 유일한 머리시며 하나님의 말씀은 그 유일한 법령이라는 것
- 보이는 교회(visible church)들은 순수한 신앙적 목적 아래 이 세상에서 모여진 경건한 사람들의 독특한 회합이며 이 세상과 혼동되어서는 안 된다는 것
- 분리된 개별적 교회는 그들 자신의 직분자를 선택하고 훈련해 갈 수 있는 온전한 권한을 가지고 있다는 것
- 내부 관리에 있어서 모든 교회는 서로 간에 독립적이며 동시에 국가의 관리로부터도 동등하게 독립적이라는 것

이러한 주장은 가톨릭은 물론이요 루터교회나 장로교회 그리고 영국교회의 감독주의와는 전혀 다르지만 오늘날과 과거의 침례교회와 그리스도와 사도들의 근본적인 가르침과 아주 유사하였다.

1611년 킹 제임스 성경 영문판이 나왔다. 이전에는 성경이 일반 사람들에게 널리 주어진 적이 없었으나 하나님의 말씀이 일반에게 보급됨에 따라 교황의 권위는 급속히 쇠퇴하기 시작했고 적어도 여러 세기만에 처음으로 신앙의 자유라는 관념이 싹트기 시작하였다.

1648년 '웨스트팔리아의 평화(Peace of Westphalia)' 조약이 이루어졌다. 이 평화조약으로 나타난 여러 결과 중에 큰 교파 간 삼자협정이 있었다. 즉 가톨릭, 루터교회, 장로교회가 더 이상 서로를 박해하지 말자는 협정이었다. 교파 사이의 박해는 곧 그 교파를 지지하고 있었던 정부와의 전쟁을 의미하였기 때문이다. 그러나 다른 모든 성도들 특히 재침례교도들은 이러한 교파의 사람들로부터 예전과 다름없는 가혹한 대우와 잔혹한 핍박을 계속 받아야만 했다.

17세기 왈덴시스, 재침례파 및 침례교도(어떤 곳에서는 '재'란 글자가 떨어져 버림)들에 대한 치명적인 박해가 계속되고 있었다. 영국에서는 존 번연(John Bunyan)과 여러 사람들이 증명하는 바와 같이 영국 교회에 의하여, 독일에서는 루터교도들에 의하여, 스코틀랜드에서는 스코틀랜드교회(장로교)에 의하여, 이탈리아와 프랑스 그리고 교황의 제도가 권력을 잡고 있던 모든 곳에서는 가톨릭에 의하여 그들은 핍박받고 있었다. 국교회 혹은 그중 일부 교회와 타협을 하지 않았던 이러한 사람들에게는 평화가 없었다.

정확한 역사 기록에 의하면 4세기부터 교권제도에 동참하기를 거절하고, 유아에게 베푸는 침례와 침례받은 자들을 부인하며, '침레에 의한 중생'의 교리를 부정하고, 또한 교권제도 아래 있었던 사람들이 그들에게 왔을 때 재침례를 요구하였던 사람들, 이들이 바로 재침례파라고 불리는 사람들이다. 당시 그들이 어떠한 다른 이름을 가지더라도 그들은 항상 재침례파로 불리고 있었다. 그러나 16세기 초엽에는 '재'라는 글자가 떨어지고 그저 '침례파'라는 단순한 이름이 되었으며 이후에는 점점 다른 이름들도 떨어져 나갔던 것이다. 만약 존 번연이 좀 더 이전 시대에 살고 있었다면 그 제자들은 '번연주의자(Bunyanites)' 혹은 '재침례파'라 불렸을 것이다. 아마 번연보다 앞선 다른 이들의 경우처럼 그 두 이름으로 동시에 불렸을 수도 있다.

'침례교인(Baptist)'이라는 이름은 그 반대자들이 그들에게 붙여준 별명이다.(만약 명칭이 주님께서 요한을 침례자[the Baptist]라 부르셨을 때와 같이 구세주 자신이 그들에게 주신 것이라면 적합한 명칭이 되었을지도 모른다.) 이제까지 어떤 침례교 단체도 이 이름을 공식적으로 채택한 일은 없었다. 그럼에도 이 이름은 확정되었고 그들이 자발적으로 받아들이게 되었고 또한 자랑스럽게 여겼다. 사실 그 이름은 꼭 알맞은 명칭이었다. 이는 오늘날 침례교회가 지키고 있는 교리를 처음으로 가르쳤던 그리스도의 선래자(先來者) 요한의 뛰어난 칭호였던 것이다.

그럼 쉐프 헬조그의 백과사전 1권 210쪽에 있는 유럽의 침례교 회사에서 가장 의미심장한 몇 문장을 인용해 보자.

침례교인이 스위스에 처음 등장한 것은 1523년경인데 거기서 그들은 츠빙글리와 로마 가톨릭의 박해를 받았다. 그들은 1525년에서 1530년 사이 남부 독일과 티롤 그리고 독일 중부 지역에서 온전하게 조직된 큰 교회들을 세웠다. 이러한 모든 곳에서의 박해는 그들을 고통스럽게 하였다.*

계속해서 살펴보자.

모라비아는 크나큰 자유의 땅이었다. 많은 침례교도들이 그곳으로 이주해 갔지만 결국 그들의 희망은 수포로 돌아갔다. 1534년 이후 북부 독일, 네덜란드, 벨기에, 왈론(Walloon) 지방에 많은 수의 침례교도들이 살고 있었다. 그들은 저지대 나라들에서 알바(Alva)의 지배를 받으면서도 그 수가 늘어 갔으며 놀랄 만한 신앙의 열정을 키워 나갔다.**

그러면 이러한 침례교인은 어디서 온 것일까? 그들은 종교개혁의 시대에 가톨릭에서 나온 것은 절대로 아니다. 그들은 종교개혁 이전에도 큰 교회들을 가지고 있었다.

대단히 흥미로운 것은 여러 세기가 지나감에 따라 영국에 종교적 변화가 있었다는 점이다.

---

* 이 모든 것은 개신교회 곧 루터교회, 감독교회, 혹은 장로교회가 설립되기 전의 일이다.

** '신앙의 열정'이라는 표현에 대해 오히려 어떤 이들은 초기 침례교도들을 '딱딱한 조개'(타협하지 않는 사람들을 일컫는 별명)라고 말하고 있다.

복음이 영국에 전파된 것은 사도들에 의해서였으며 영국의 교회들은 4세기 초 교권제도가 확립되기까지 그리고 이후 한 세기 이상 사도들의 가르침을 간직하고 있었다. 그러나 마침내 교권제도의 힘 아래 놓이자 급속히 가톨릭화되었고 결국에는 가톨릭교회가 되었다. 그리하여 헨리 8세 치하 1534년과 1535년 일어났던 분리 이전까지 가톨릭교회는 영국의 국교였고 헨리 8세로 인해 분리된 교회는 영국국교회라는 이름을 얻게 되었다. 18년 후 1553년에서 1555년까지 여왕 메리(피의 메리)가 통치하는 동안 영국은 다시 가톨릭으로 되돌아가게 되었고 이 시기가 바로 피의 5년간이다. 그러나 메리의 이복동생 즉 앤 불린의 딸 엘리자베스가 1558년 왕위에 오르자 다시 가톨릭은 전복되고 영국국교회가 재차 세도를 부리게 되었다. 그렇게 한 세기 동안 그대로 지속되었다. 짧은 기간이나마 장로교회가 성장하여 스코틀랜드와 같이 마치 영국의 국교회가 된 것 같아 보인 적이 있다. 그러나 올리버 크롬웰 시대를 뒤이어 영국국교회는 본래의 위치로 돌아왔고 이후부터는 영국의 국가교회로 존속하게 되었다.

영국의 종교적인 문제에 있어서 한 세기 이상 국교회의 가혹하고 잔악한 박해 이후로 여러 상황이 부드럽게 완화되어 가고 있었던 점에 주목하기 바란다.

- 영국국교회가 시작된 지 154년 후인 1688년에 최초의 관

용령이 나왔다. 이 법령은 두 교파 즉 가톨릭과 유니테리안(Unitarians)을 제외하고 영국에 있는 어떤 교파든 믿어도 좋다는 것이었다.
- 두 번째의 관용령은 89년 뒤인 1778년에 나왔다. 이 법령은 가톨릭을 믿는 것을 허락하였으나 여전히 유니테리안의 신앙은 허락하지 않았다.
- 세 번째의 관용령은 35년 뒤인 1813년에 나왔다. 이 법령은 유니테리안도 허용하였다.
- 1828년과 1829년에 이르러 소위 '선서조령(Test Act)'이 발표되었다. 이 법령은 비국교도들(영국 국교와 의견이 상반되는 신앙을 갖고 있는 자들)에게 관직과 국회의원이 될 수 있는 길을 열어 주었다.
- 1836년에서부터 1837년까지와 1844년에 '등록령(Registration Act)'과 '혼인령(Marriage Act)'이 나왔다. 이 두 법령은 비국교도들이 행하는 침례와 결혼을 합법화한 것이었다.
- 1854년에 '개혁 법안(Reformed Bill)'이 나왔다. 이 법안은 비국교도 학생들에게도 옥스퍼드와 케임브리지 두 대학의 문호를 개방해 주었다. 이전까지 비국교도의 자녀들은 이 유명한 대학의 어느 쪽에도 들어갈 수 없었기 때문이다.

이렇게 영국은 신앙의 자유를 향한 도약이 있었지만 참다운 신앙의 자유는 국교회가 확립되어 있거나 그것이 존속되고 있는 한 불가능한 일이라고 말하는 것이 옳을 것이다. 참다운 신앙의 자유라고 하기에는 거리가 있었기 때문이다. 한 나라 안에 있는 여러 교파 중에서 단 한 교파만이 정부의 지지를 받고 다른 모든 교파를 이러한 혜택과 지원에서 배척하는 한 완전한 신앙의 자유와 평등 가능성은 불가능에 가깝다.

18세기가 시작되기 직전 세 소년이 영국에서 태어났는데 이들은 이후 세계에 지울 수 없는 깊은 발자취를 남겨 놓았다. 세 소년들은 바로 존 웨슬리(John Wesley)와 찰스 웨슬리(Charles Wesley) 그리고 조지 휫필드(George Whitfield)였다.

존 웨슬리와 찰스 웨슬리는 엡워스(Epworth, 여기에서 '엡워스 청년회'라는 명칭이 생기게 되었다)에서 출생했으며 존은 1703년 6월 28일에, 찰스는 1714년 12월 27일 글로스터(Gloucester)서 태어났다. 지면상 이들의 생애에 관해 자세히 말할 수 없음이 안타까울 따름이다. 이들의 생애는 충분히 언급할 가치가 있으며 그 언급을 수없이 반복할지라도 결코 아깝지 않을 것이다. 그들은 모두 영국국교회의 회원이었으며 성직자가 되기 위해 공부하였다. 그러나 그때까지 그들 중 구원받은 사람은 하나도 없었다. (당시 영국의 성직자들에게는 이상한 일도 아니었다. 일반적인 것은 아니지만 당시 자녀의 의사와 무관하게 부모들이 자녀들의 직업을 결정하기도 했다) 그러나 이들은 나중에 참되고 놀라운 회심을 경험하게 된다.

세 사람은 새로운 교파의 설립자가 되고자 하는 욕망을 가지고 있지는 않았다. 오로지 영국교회 내부의 순수한 신앙의 부흥과 영적인 개혁이 일어나기를 갈망하고 있었으며 그것을 위해 분투하였다. 그들은 영국과 미국에서 이를 위해 노력하였다. 그들이 섬기던 교회는 그들에게 결국 문을 닫아 버렸고 집회는 때때로 야외나 개인의 집을 빌려 개최되었다. 특히 조지 휫필드의 경우 다른 교파의 집회소에서 열기도 하였으며 그의 위대한 설교는 가는 곳마다 많은 사람들의 큰 호응을 불러일으켰다.

감리교회가 설립된 정확한 시기를 확인하기는 어렵지만 의심할 바 없이 감리교의 정신은 감리교회보다 분명히 앞서 존재했다. 이들 세 사람은 대학을 졸업하기 전부터 감리교도라 불렸으며 그들이 만든 최초의 조직체는 '소사이어티스(Societies)'라 불렸고 첫 번째 연례 총회는 영국에서 1744년에 열렸다. 감리교 감독교회는 1784년 미국의 볼티모어에서 공식적으로 조직되었는데 성장은 실로 놀라웠다. 그러나 영국교회 혹은 감독교회에서 그들이 나올 때 모교회(母敎會) 또는 조모교회(祖母敎會)가 갖고 있었던 많은 과오를 함께 가지고 나왔다. 이를테면 감독제도나 성직자 제도 같은 것들이다. 이러한 점에 관하여 내부에서 많은 다툼과 분열이 있었으며 그 외에도 허다한 논쟁과 문제가 있었으니, 이것은 유아 침례를 베푸는 것과 침례 대신 산수례와 관수례를 행하는 것 등이었다. 그러나 그들이 간직하고 있는 한 가지 위대한 점은 바로 모교회에서 결코 가져올 수 없었던 진정한 영적 신앙을 지니고 있었다는 사실이다.

   1788년 9월 2일 아일랜드의 앤트리움(Antrium)에서 한 아이가 탄생했다. 그는 장차 세상 각처에서 영적각성운동을 일으켜 새로운 교파의 창설자가 될 아이였다. 아이의 이름은 알렉산더 캠벨(Alexander Campbell)이다. 장로교회 목사인 그의 아버지 토마스 캠벨은 1807년 미국으로 건너갔고 아들 알렉산더는 당시 대학에 다니고 있었으나 뒤따라 미국으로 갔다. 신앙의 관점이 바뀌어 그들은 장로교회를 떠나서 '크리스천 협회(the Christian Association)'라는 독립된 단체를 조직하였는데 이것은 '브러쉬 런 교회'(Brush Run Church)로 알려져 있는 단체였다. 그들은 1811년 침수례에 의한 침례를 선택했고 한 침례교회의 목사를 설득하여 침례를 받는 데 성공하였으나 침례교회와는 연합하지 않겠다는 굳은 신념을 가지고 있었다. 아버지와 어머니 그리고 알렉산더는 모두 침례를 받았다. 1813년 그들의 독립교회는 레드스톤 침례교회협회(Red Stone Baptist Association)와 연합하였다. 그러나 10년 뒤 그들은 논쟁으로 인하여 협회를 떠나 다른 단체에 가입하였고 그 후에도 논쟁은 끊임없이 계속되어 그 단체 또한 떠나게 되었다. 그들은 결코 침례교도가 아니었으며 지금까지 검토한 기록을 통해서도 그들을 침례교도라고 말할 어떠한 근거도 찾을 수 없었다.

   교회사 특히 침례교회의 역사를 논하면서 존 번연에 대하여 언급하지 않는 것은 있을 수 없는 일이다. 영국 역사나 세계사에서 가장 칭송받는 인물 중 한 사람인 침례교회 목사 존 번연은 12년간이나 베드퍼드(Bedford)의 감옥에 갇혀 있었는데 수감 생활 동안 그는 세상에서 가장 칭송받으며 성경 다음으로 널리 보급되고 있는 책 『천로역정(Pilgrim's Progress)』을 기록하였다. 그는 혹독한 박해의 실례로 가장 잘 알려진 인물이다. 그리고 존 번연의 시각 장애가 있는 딸 메리 번연의 이야기는 주일학교 도서실에 반드시 구비해야 할 필독서라고 할 수 있다. 여러 해 동안 그 책은 절판되었으나 지금은 다시 출간되고 있는 듯하다. 남녀노소를 막론하고 누구든지 이 책을 읽는다면 눈물을 흘리지 않을 수 없을 것이다.

반드시 언급해야 할 또 다른 것이 바로 교회 역사 중 웨일스(Wales)와 웨일스 침례교도(Welch Baptists)들의 이야기이다. 웨일스 침례교도들의 이야기는 교회사에서 가장 소름 끼치는 사건 중 하나이다. 미국의 침례교도들은 대부분이 알고 있는 것보다 훨씬 더 많은 영향을 웨일스 침례교도에게서 받았다. 온전히 조직된 완전체의 여러 침례교회들이 한꺼번에 웨일스에서 미국으로 이주하여 왔기 때문이다.(Orchard p.21-23; Ford chapt. 2)

웨일스에서 복음 사역이 시작된 이야기는 참으로 흥미 있는 역사이며 이것은 분명한 사실로 보인다. 이 이야기는 신약성경에서부터 시작되는데(행 28:30, 31; 딤 4:21), 글라우디아(Claudia)와 부데(Pudens)가 로마를 방문하여 바울의 설교를 듣고 구원받게 된다. 그리고 그들이 복음을 가지고 다시 자기들의 조국 웨일스로 돌아갔는데 이것은 대단히 고무적인 일이었다. 바울이 로마에서 이 설교를 한 것은 A.D. 63년이었다. 곧이어 글라우디아와 부데 그리고 또 다른 사람들 중에서 두 설교자가 함께 복음을 영국 땅 특히 웨일스로 가지고 갔던 것이다. 웨일스 침례교도들이 미국의 침례교도들에게 얼마나 많은 도움을 주었는지는 이루 말할 수 없다.

제5강

미국의 신앙

종교적으로는 가톨릭을 믿는 스페인 사람들과 그 외의 다른 라틴 족속들은 중남미의 교회들을 대표하는 최초의 사람들이 되었다. 그러나 멕시코를 제외한 북미에서 그들의 세력이 강대했던 적은 한 번도 없었다. 한때 멕시코의 영토가 되었던 지역을 제외한 지금의 미국 영토 안에서는, 심지어 식민지 시대에도 그들의 종교적인 견해가 법으로 제정될 만큼 강인했던 적이 결코 없었다.

식민지 시대가 시작된 17세기 초 버지니아에 최초의 정착이 이루어졌다. 그리고 조금 뒤 오늘날 뉴잉글랜드라고 알려져 있는 지역에 정착이 이루어졌다. 영국이나 유럽 대륙에 있었던 종교적인 박해, 더 정확하게 말한다면 반종교적인 박해는 사람들이 미국이라는 나라에 이주하고 정착하게 한 중요한 원인 중 하나가 되었다. 제임스타운의 무리들(1607)과 '필그림(Pilgrims, 1620)'이라고 알려진 이들을 제외하고 초기에 들어온 이민자 중에 두 단체가 있었다. 하나는 '청교도(Puritans)'라 불리는 이들로, '회중교회 교인(Congregationalists)'들이었다. 엔디코트(Endicott) 총독이 그들의 정착지를 통치하고 있었고 또 다른 단체는 장로교도들이었다. 두 단체 가운데는 그들과 견해를 달리하며 핍박에서 해방되기를 갈망하던 많은 그리스도인들이 있었다.

미국에서의 피 흘린 발자취

피난하여 온 회중교회 교인들과 장로교회 교인들은 각각 따로 정착지를 만들었고 그들의 영토 안에서 독특한 신앙적인 견해를 즉시 법으로 제정하였다. 다시 말하면 '회중교회주의'와 '장로교회주의'를 식민지 안에서 합법적인 신앙상의 견해로 만들었던 것이다. 이것은 곧 다른 모든 신앙관을 배척하는 결과를 낳게 되었다. 그들은 진정 그들 위에 내려졌던 핍박이 가져다준 핏자국이 채 마르지도 않은 채 고국산천을 떠나 자유와 해방의 땅을 찾아갔다. 그러나 그들 자신들이 이주지에서 점점 제도화되고 권력을 갖게 되자 곧 다른 사람들의 신앙의 자유를 부정하기 시작하고 예전과 다름없는 가혹한 방법으로 특히 침례교도들을 핍박하기 시작한 것이다.

버지니아 남부 및 북부 캐롤라이나의 이주지에 정착한 것은 주로 영국국교회(성공회) 사람들이었다. 이들의 독특한 교회관은 이주지에서 제도화된 교회를 만들게 되었다. 이와 같이 수많은 회중교회 교인들과 장로교회 교인들 그리고 성공회 교인들이 자신의 양심이 명하는 대로 하나님을 경배할 수 있는 특권을 찾아서 왔던 미국에서 법으로 제정된 제도화된 세 교파의 국교회(당시 미국은 유럽의 식민지이므로 미국의 국교회가 아니라 유럽 식민지배국가의 국교회가 미국 땅에

지부 형식으로 세워진 것을 의미한다 – 역자)가 설립되었다. 그리하여 중앙적 권위를 갖고 있는 사람 외에는 누구도 신앙의 자유를 가질 수 없게 되었다. 로마 가톨릭의 후손들은 그들 선조의 피 맺힌 발자취를 따라가고 있었으며 그들 자신의 종교개혁은 아직도 완성되지 않았던 것이다.

미국으로 이주한 사람들과 더불어 많은 침례교도(여전히 어떤 이들에 의해서는 '재침례교도' 혹은 '재침례파'라 불린다)들이 분산적으로 들어왔다. 미국으로 가는 어떤 선박 안에서도 자유의 땅으로 향하는 침례교도들을 적어도 몇 명은 찾을 수 있었다. 그러나 그들은 비교적 작은 무리를 이루어 왔으며 결코 대규모 이민단 형식으로는 들어오지 못하였다. 그러한 방법으로 오는 것이 용납되지 않았던 것이다. 그럼에도 그들은 멈추지 않고 이주 행렬을 이어가고 있었다. 그리하여 정착지가 완전히 제도화되기 이전까지 침례교도들은 그 수가 계속 늘어갔고 거의 모든 지역에 정착하게 되었던 것이다.

그러나 그들은 곧 세 교파 국교회들의 무거운 손길을 느끼기 시작했는데, '복음을 전파하는 것', '자녀들이 침례 받기를 거절한 것', '유아 침례를 반대한 것', 그 외 그들의 입장에서의 양심적인 행동에 대한 가혹한 공격을 당하게 되었다. 그들은 체포당하거나 투옥되거나 벌금을 물거나 채찍에 맞거나 추방당하거나 재산까지 몰수당했다. 이러한 모든 일이 바로 미국에서 일어났는데 여러 사실 중에서 몇 가지 실례만 들어 보자.

매사추세츠만의 정착지가 지정되고 20년이 되기 전 그곳의 국교회 중 하나인 회중교회는 침례교회 및 다른 교파를 배척하는 법령을 통과시켰다. 아래는 그 법안의 일부분이다.

다음과 같이 승인된 법령이 발효됨을 명한다. 관할권 안에 있는 자로서 유아침례를 공공연하게 비난하거나 반대하는 자 또는 그것을 인정하고 실행하고 있는 사람들을 은밀히 벗어나게 하려는 자, 그리고 그 의식을 시행할 때에 고의로 그 집회를 이탈하려 하는 자는 소정의 기간이 경과되면 유죄판결로 추방 선고를 받게 될 것이다.

이 법령은 특별히 침례교도들에 대해 시행되었다.

이러한 정착지의 권위에 의하여 로저 윌리엄스(Roger Williams)와 그 외 여러 사람들이 추방을 당했다. 당시 미국에서 추방당한다는 것은 상당히 심각한 문제였는데, 그것은 곧 인디언들 가운데로 들어가 살아야 하는 것을 의미했다. 윌리엄스의 경우에는 얼마 동안 인디언들과 함께 살면서 친절한 영접을 받았으며, 나중에 그를 추방한 정착지에 커다란 축복을 끼치게 되었다. 그는 오로지 자기를 추방하였던 정착지를 위해 인디언들에게 탄원함으로 그곳을 파멸에서 구했던 것이다. 이처럼 그는 악을 선으로 갚았다.

이후 로저 윌리엄스는 여러 정착지에서 추방당한 사람들(그중에는 침례교 목사 존 클라크도 있었다)과 함께 그들 자신의 새 정착지를 개척하기로 결정하였다. 그렇게 할 합법적인 권한을 영국 정부로부터 부여받지는 않았지만, 현재 그들에게 내려진 무서운 신앙상의 제약을 받으며 정착지에서 사는 것보다 더 현명한 일이라 생각하였다. 그리하여 그들은 아직까지 어떤 이민단들도 자신들의 소유라 주장하지 않는 한 작은 땅을 발견하여 그곳을 그들의 정착지로 세우기로 하였다. 그곳이 오늘날 로드아일랜드(Rhode Island)라고 알려진 곳이다. 매사추세츠만에 정착지가 세워진 지 10년 뒤인 1638년의 일이었다. 그러나 그들이 합법적인 인가를 받게 된 것은 그로부터 25년 후인 1663년이었다.

1651년경 로저 윌리엄스와 존 클라크는 만일 가능하다면 그들의 정착지를 설립할 수 있는 합법적인 허가를 얻을 목적으로 영국으로 가게 되었다. 그들이 영국에 도착하였을 당시 올리버 크롬웰이 정권을 잡고 있었다. 올리버 크롬웰은 몇 가지 이유로 그들의 요청에 대해 승인을 거절하였다. 로저 윌리엄스는 미국으로 돌아왔고, 존 클라크는 영국에 머물러 있으면서 탄원을 계속하였다. 여러 해가 지나고 크롬웰이 자리에서 물러나 찰스 2세가 영국의 왕위에 오르게 되었다. 역사는 찰스 2세를 교회에 대한 가장 무자비한 박해자들 중의 한 사람이라 평하고 있지만, 그럼에도 그는 1663년 이들의 요청을 승인하였고 클라크는 12년간 기다림의 인고 끝에 마침내 허가장을 가지고 미국으로 돌아왔다. 따라서 1663년 로드아일랜드는 합법적인 이주정착지가 되었고 침례교도들은 그들 자신의 헌법을 완성할 수 있었다.

헌법의 완성은 온 세상의 주목을 끌게 되었다. 이 헌법에 세계 최초로 '신앙의 자유'가 선언되었기 때문이다. 심지어 미국이라는 나라에서의 절대적인 신앙의 자유를 위한 싸움들은 그 자체로 커다란 역사적 의미를 지니고 있었다. 장구한 세월 동안 침례교도들은 홀로 싸워 왔지만 결코 자신들만을 위한 것이 아니었다. 그들은 진정한 신앙적 자유를 필요로 하는 모든 사람들을 위해 싸웠다. 침례교도들의 최초 정착지가 된 로드아일랜드는 합법적 승인을 얻기 위하여 탄원한 지 12년 만에 침례교도들의 작은 무리들에 의해서 설립되었으며, 지구상에서 신앙의 자유가 법률로 보장된 최초의 장소가 되었다. 로드아일랜드로의 이주가 시작된 것은 1638년의 일이었고, 합법적인 정착지로 지정된 것은 1663년이었다.

이 정착지가 합법적으로 승인되기 이전에도 이곳에는 두 개의 침례교회가 조직되어 있었다. 하나는 정확한 설립 날짜에 대해 역사적으로 많은 이견이 있다. 그러나 로저 윌리엄스가 프로비던스(Providence)에 교회를 조직한 것이 1639년이라는 데에 모든 사람들의 의견이 일치한다. 앞서 말한 존 클라크가 뉴포트(Newport)에 세운 또 다른 교회의 날짜는 후에 알려진 모든 증거에 의하면 1638년이거나 혹은 그보다 몇 년 후이다. 로저 윌리엄스가 프로비던스에 조직한 교회는 겨우 몇 달간 존속한 듯하나, 존 클라크가 뉴포트에 세운 교회는 지금까지 남아 있다. 개인적인 의견으로는 가능한 모든 증거에 기초하여 볼 때 뉴포트 교회의 설립 시기는 1638년이라고 보는 것이 맞을 듯하다.

미국의 몇몇 주에서 일어났던 박해에 대하여 이제 실례를 몇 가지 들어 보자. 이것은 존 클라크 교회의 한 사람이 병들었을 때의 일이다. 그들 가족은 매사추세츠만 정착지의 경계선을 바로 넘어선 자신들의 정착지에 살고 있었다. 존 클라크 자신과 순회목사 크란돌 그리고 오바댜 홈스라는 평신도 셋이 환자의 집을 방문하였다. 그들이 환자의 가족들과 함께 기도를 하고 있을 때 정착지 관리들이 들어와 그들을 체포한 후 재판소로 끌고 갔다. 기록에 의하면 그들의 확실한 죄상을 잡으려고 손을 묶어 교회(회중교회)의 집회에 끌고 나갔다. 기록에는 그들이 범한 죄목에 관하여 이렇게 쓰여 있었다.

'교회의 예배 시간에 모자를 벗지 않은 것'

그들은 재판에 회부되어 유죄판결을 받았다. 거기에 엔디코트 총독이 참석하였는데 그는 분노하며 클라크를 향해 "너는 유아 침례를 거부하였다."(이것은 정죄의 항목이 아니었다) "너는 사형에 처해야 마땅하다. 나는 내 관할 구역 내에 이런 쓰레기를 들어오게 하고 싶지 않다."라고 말하였다. 그들에게 내린 처벌은 벌금형 혹은 호된 매질이었다. 크란돌(그는 방문객이었지만)의 벌금은 5파운드(25달러)였으며 클라크(목사)는 25파운드(125달러), 홈스(그는 기록에 의하면 처음에는 회중교회의 교인이었으나 후에 침례교회로 들어온 사람이다)의 벌금은 30파운드(150달러)였다. 클라크와 크란돌의 벌금은 친구들이 지불해 주었으나 홈스는 자신은 어떠한 잘못도 하지 않았으므로 벌금을 낼 이유가 없다고 주장하여 호된 매질을 당하게 되었다. 기록에 따르면 허리까지 벗긴 채로 어떤 특수한 매로 쳐서 온몸에 피가 흘렀고 다리를 얻어맞아 피가 구두를 가득 채우고 넘쳤다고 한다. 또 몸에는 너무나 깊게 베이고 찢긴 상처를 입어 2주일 동안 침대에 몸을 눕히지 못하고 자기의 손과 팔과 무릎을 의지해서 잠을 자야 했다. 홈스 자신의 진술을 비롯하여 이와 관련한 다른 여러 기록들과 모든 자료들을 다 읽어 보았는데 이보다 더 끔찍한 것을 찾아보기는 어려웠다. 실로 미국에서 말이다!

어떤 한 화가는 "내 아들이 침례 받는 것을 거절한다. 그리고 유아 침례는 비성경적인 의식이다."라고 말해서 그 역시 묶이고 매를 맞았다. 윈드로프 총독은 그가 '주님의 의식을 비난하였기 때문에 매를 맞은 것'이라고 말하였다.

장로교회가 국교회가 되었던 정착지에서도 이에 반대한 사람들(침례교회와 그 밖에 다른 교파)의 사정이 회중교회가 국교회가 된 매사추세츠만과 다를 바 없었다.

이 정착지에는 침례교도들도 거주하고 있었다. 전 거주자 중 겨우 다섯 가족이 있었을 뿐이며, 기록에 의하면 그 침례교도들은 그곳의 법률을 인정하고 순응하고 있었다. 그러나 한 사건이 일어났다.

정착지의 이민단에서 침례교도들의 거주지 안에 장로교회의 집회소를 세우기로 결정하였다. 그러기 위해서는 많은 예산이 필요해 세금을 많이 징수하는 길밖에 없다고 생각하였다. 침례교도들은 새롭게 부과되는 세금을 징수하려는 장로교인들의 권위는 존중하였지만 세금 징수에는 동의할 수 없어 탄원서를 제출하였다.

"우리는 이제 우리의 정착생활을 막 시작하였습니다. 우리의 작은 집도 겨우 세웠고 조그만 채소밭도 이제야 겨우 마련되었습니다. 우리의 땅은 아직 경작되지도 못하였습니다. 인디언의 습격에 방어하는 요새를 쌓기 위한 세금이 바로 얼마 전 우리에게 징수되었습니다. 우리는 이제 또 다른 세금을 감당할 여력이 없습니다."

이것이 그들의 탄원 내용이었고 그럼에도 세금은 부과되었다. 그들은 도저히 세금을 낼 길이 없었다. 마침내 아직 개간하지 않았던 빈 들판을 제외하고 그들의 작은 집과 정원, 채소밭, 심지어는 묘지까지도 경매로 넘어가 버렸다. 결국 365파운드 5실링 가치의 부동산이 35파운드 10실링에 팔렸다. 그중 일부는 그곳에서 말씀을 전하던 목사가 산 것도 있었다고 한다. 그들의 정착은 파산하고 말았다.

강압적인 법 조항으로 쓰인 법조문, 과도한 부담의 과세, 여러 가지 가혹한 처사 등은 주로 침례교도들에게 가해졌다. 이런 세세한 탄압의 유형을 모두 기록할 수 없는 점이 유감이다.

영국국교회(성공회)가 지배하고 있었던 남부의 정착지 캐롤라이나와 버지니아에서 침례교도들에 대한 박해는 심각하게 계속되어 침례교회 설교자는 빈번히 벌금을 물거나 투옥되기도 했다. 초기 정착지 시대부터 독립전쟁 시작 때까지 100년 이상이나 침례교회들에 대한 박해는 계속되었다.

버지니아에서 침례교도들이 당한 핍박 중 몇 가지 예를 들어 보자. 좀 이상하게 들릴지 모르지만 버지니아는 로드아일랜드의 뒤를 이어 세상에서 두 번째로 신앙의 자유를 채택한 곳이지만 사실 자유의 진정한 실현은 한 세기 이상이 지난 뒤에 이루어졌다. 30명의 목사가 각각 때를 달리하여 단 한 가지 죄과로 투옥되었는데, 그것은 '하나님의 아들의 복음을 전파하였다'는 죄목이었다. 제임스 아일랜드가 적절한 실례가 될 것이다. 그는 투옥되었고 감옥에 갇힌 후 적들은 화약을 폭발시켜 그를 살해하려 하였다. 하지만 실패하자 그가 갇혀 있는 감옥의 창문 아래에서 유황을 태워 질식시켜 죽이려 하였다. 이것 역시 실패하자 의사와 공모하여 독살을 시도하였지만 모든 것이 실패로 돌아가고 말았다. 그런 와중에도 제임스 아일랜드는 감옥의 창 너머로 군중을 향하여 설교를 계속하였다. 그러자 군중이 감옥 안을 들여다보지 못하고 그 또한 밖을 내다보지 못하도록 감옥 둘레에 담을 쌓아 버렸다. 그러나 그는 이런 어려움까지도 극복하였다. 담으로 모인 사람들은 긴 막대기 끝에 손수건을 달아서 높이 들어 올려서 모여 있다는 것을 알렸다. 그러면 제임스 아일랜드는 그것을 보고 군중들이 자신의 설교를 들을 준비가 되어 있다는 것을 알게 되었던 것이다. 이렇게 하여 그의 설교는 계속되었다.

이후 세 사람의 침례교회 목사(루이스, 조셉 크레이그 및 아론 블레드소우)가 같은 죄목으로 체포되었다. 적어도 그중 한 사람은 R.E.B. 베일러와 다른 텍사스 침례교회 목사 몇 사람과 혈연관계에 있었던 것으로 보인다. 이 목사들은 재판에서 기소된 죄를 인정하라고 심문에서 강요받았다. 이 소식을 듣고 패트릭 헨리는 수십 마일이나 떨어진 먼 곳에 살고 있었지만, 자신이 영국국교회의 한 사람이었음에도 재판소까지 말을 타고 달려와 그들의 변호를 담당할 것을 자청하였다. 그의 변호는 대단하였다. 여기서 그 일을 상세히 말할 수는 없으나 패트릭 헨리의 변호는 법정을 뒤흔들었고 결국 목사들은 석방되었다.

로드아일랜드 이외의 곳에서 서서히 그리고 단계적으로 신앙의 자유가 찾아오게 되었다. 예를 들면 버지니아에서 한 법률이 통과되었는데 한 시골 지역 단위에 한 사람의 침례교 목사를 허락하는 것이었다. 침례교 목사는 두 달에 한 번 설교하도록 허용되었다. 이 법률은 나중에 수정되어 매달 한 번씩 설교하는 것이 허용되었다. 그러나 이 역시 일정 장소에서 낮에만 한 번 설교할 수 있었을 뿐 밤에는 허용되지 않았다. 버지니아뿐 아니라 다른 정착지에서도 전도사역을 적극적으로 금지한다는 법률이 통과되었다. 이것이 바로 아도니람 저드슨(Adoniram Judson)으로 하여금 최초의 해외 선교사가 되게 한 이유가 되었다. 전도사역 금지를 비롯한 법률들이 버지니아 의회에서 대폭적으로 수정되기까지는 오랜 세월과 많은 논쟁이 소요되었다.

아마 전 세계적으로 그렇겠지만 미국의 신앙의 자유에 가장 큰 장애물 중 하나는 지나간 여러 세기를 통하여 사람들의 마음속에 자라난 확신인데, 바로 종교라는 것은 정부의 지지 없이는 존속할 수 없다는 생각이었다. 이것은 어떤 교파라 할지라도 교인들이 자원하여 바치는 헌금만으로는 발전시켜 나기기가 어렵다는 불신에서 비롯되었다. 이 사안은 버지니아에서 영국국교회의 폐지 문제를 둘러싸고 치열한 논쟁이 벌어지고 있었을 때, 그리고 이후 신앙의 자유에 관하여 의회에서 논의되었을 때 가장 해결하기 어려운 의제 가운데 하나였다. 오랜 세월 동안 침례교도들은 홀로 싸우고 있었던 것이다.

로드아일랜드는 1638년에 정착지로 설립되었으나 1663년까지는 합법적으로 인정되지 않았다. 그러나 신앙의 자유를 인정한 최초의 지역이 되었다. 두 번째는 버지니아로 1786년에 이루어졌다. 의회는 1791년 12월 15일부터 시행되는 수정헌법 제1조를 선포하였는데 모든 국민들에게 신앙의 자유를 부여한다는 것이었다. 이로 인해 침례교도들은 국민들에게 이 축복을 가져오게 한 선구자로서 인정받게 되었다.

초기 미국 의회에서 일어난 사건을 살펴보자. 미국은 하나의 국교회를 가져야 할 것인가, 또는 교파에 따른 여러 개의 국교회를 가져야 할 것인가, 종교의 자유는 어떻게 할 것인가라는 문제가 논의되었다. 몇 개의 법안이 제출되었으며 영국국교회를 국교회로 추천하는 이도 있었고 또 회중교회나 장로교회를 추천하는 이도 있었다. 당시 침례교도 중에는 비록 의회의 의원이 한 사람도 없었지만 절대적인 신앙의 자유를 위하여 열렬히 투쟁하고 있었다. 제임스 매디슨(후에 미국의 제4대 대통령이 됨)은 그들의 주요한 지지자였던 것으로 보인다. 그때 패트릭 헨리가 일어나서 타협안을 제출하였는데 하나의 국교회 대신 네 개의 국교회(혹은 교파)로 하자는 것이었다. 이것은 영국의 국교회인 성공회 혹은 감독교회, 회중교회 그리고 장로교회와 침례교회였다. 그중 어느 것으로도 단독적인 국교회를 만들 수 없다는 것을 알았을 때 그들은 각각 헨리의 타협안을 받아들이기로 동의하였다. (이 타협안은 세금을 내는 시민 누구나 이들 교파 중 자기들의 세금이 쓰이는 교파에게 말할 권리가 있다는 것이다) 침례교도들은 이러한 모든 것에 반대하는 싸움을 계속하였다. 교회와 국가가 결합한다는 것은 침례교회의 근본적인 교리에 위배되는 것이므로 그것이 표결에 붙여진다 해도 그들은 이것을 받아들일 수 없었다. 헨리는 침례교도들에게 간청하기를, 자기는 그들을 돕고자 노력하고 있으며 침례교도 역시 국교회 설립 없이 존속할 수 없다고 말했지만 그들은 여전히 저항하였다. 투표를 하자 거의 만장일치로 가결되었다. 그러나 법안이 통과되기 위해서는 세 번의 투표가 필요했다. 매디슨과 침례교도들은 싸움을 계속하였고 두 번째 투표 결과 역시 헨리의 능란한 연설에 힘입어 거의 만장일치에 가까웠다. 그러나 아직 세 번째 투표가 남아 있었다. 이때 하나님의 간섭하심이 나타났다. 헨리가 버지니아의 주지사로 임명되어 의회를 떠나게 되었던 것이다. 세 번째 투표 때에는 헨리와 같은 저항하기 어려운 달변의 연설이 없던 관계로 결국 투표는 가결되지 못했다.

이처럼 침례교회는 가장 엄숙한 항의를 했음에도 법으로 제정한 국교회의 한 교파가 될 뻔하였다. 이것은 침례교회가 국법으로서 인정될 수 있었던 유일한 기회는 아니었지만 국교회가 될 가능성이 가장 컸던 기회이기도 했다.

얼마 뒤 영국국교회는 미국에서 완전히 폐지되었고 중앙 정부에 의하여 유지되는 교파는 하나도 없게 되었다(아직 몇 개의 주에는 주립교회가 있다). 미합중국에 관한 한 국가와 교회는 완전히 분리되었다. 그러나 교회와 국가, 이 둘은 그 외 다른 곳에서는 적어도 1500년 동안 (A.D. 313년 이래) 불순한 동거를 해 왔다. 신앙의 자유는 최소한 미국에서 타올라 다시는 소멸하지 않았고 점차 온 세상 여러 나라와 지역에 확대되기 시작하였다.

그러나 미국 역시도 교회와 국가의 불순한 결합에 대한 개념은 쉽게 소멸되지 않았다. 신앙의 자유가 미국의 헌법에 채택된 이후에도 몇몇 주에서 여전히 마지막 생존의 숨을 쉬고 있었다. 이미 말한 바와 같이 미국에서 국교회라는 개념을 가장 먼저 시도하였던 매사추세츠주에서 결국 이 개념을 포기하기까지 두 세기 반이나 존속하고 있었다. 전 세계에서 최초이자 가장 위대하게 신앙의 자유를 채택하고 품었던 나라의 명예를 손상시킨 마지막 장소는 유타주였다. 어떤 민족이든 정부가 하나의 특별한 교파를 지지하고 있는 나라에서는 참되고 완전한 신앙의 자유가 있을 수 없다는 것을 기억해야 할 것이다.

여러 차례 침례교도에 관하여 몇 가지 중요한 질문을 받은 적이 있다. 만약 어떤 국가나 주가 침례교회를 한 교파로서 법률에 의하여 국교회 혹은 국립교회로 제정하여 주겠다고 제안을 한다면 그들은 그러한 제안을 받아들일 것인가? 만약 그들이 그러한 제안을 받아들였다고 가정하면 가톨릭이나 성공회 또는 루터교회나 장로교회, 회중교회의 경우와 마찬가지로 그들도 다른 교파의 사람들을 박해할 것인가? 이러한 질문을 숙고해 보는 것도 큰 의미가 있을 것이다. 사실 침례교도들이 그러한 기회를 가져 본 일이 있었던가.

한때 네덜란드의 국왕이 (당시 네덜란드는 노르웨이, 스웨덴, 벨기에, 홀랜드 및 덴마크를 포함하는 나라였다) 국교회에 대하여 심각하게 고려한 것이 역사에 기록되어 있다. 당시 이 왕국은 민정에 의해서 유지되는 국교회를 가지고 있었던 나라들과 정부들로 둘러싸여 있었다.

기록에 의하며 네덜란드의 국왕은 한 위원회를 지정하여 당시 존재하고 있던 모든 교회들과 교파들의 주장을 면밀히 조사한 다음 어느 것이 가장 올바른 주장을 하는 신약성경적인 교회인지를 알아보게 하였다. 위원회는 침례교회가 가장 훌륭한 신약성경의 가르침과 부합되는 대표적인 교회라고 보고하였고 국왕은 침례교회를 그 나라의 국교회 또는 교파로 만들 것을 제의하였다. 침례교도들은 정중한 감사의 표현과 함께 그들의 근본적인 확신과 원리에 배치되는 것이라며 제안을 거절하였다.

그런데 이것만이 그들의 교단을 국민을 위한 국교회로 세울 수 있었던 유일한 기회는 아니었다. 분명히 그들은 로드아일랜드로 정착지가 지정되었을 때에도 그러한 기회가 있었다. 그러나 아마 본인이 침례교도로 남아 있고자 한다면 국교회가 되고 난 후 다른 교파를 박해하는 것은 용납할 수 없는 일이었다. 그들은 참된 신앙적 자유의 옹호자들이었고, 교회와 국가의 완전한 분리야말로 그들의 신앙의 근본 신조 중 하나였기 때문이다.

교회와 국가의 관계에 관한 침례교회의 확신은 대단히 견고한 것이었으므로 그들은 언제나 국가가 제안한 모든 지원을 거절해 왔다. 여기서 두 가지 실례를 들어 보자. 한 사건은 텍사스에서 일어났고 또 하나는 멕시코에서 일어난 일이었다. 오래전 베일러 대학교(Baylor University)가 설립되고 얼마 지나지 않아 텍사스주에서 원조를 제안해 왔다. 그들은 비참한 곤경에 빠져 있었지만 원조를 거절하였다. 당시 텍사스의 감리교회는 빈약한 학교를 경영하면서 국가의 원조를 받고 있었으나 결국 그 학교는 국가의 손에 들어가고 말았다.

멕시코의 경우는 다음과 같다. W.D 파월(Powell)은 멕시코에서 사역하던 침례교회의 선교사였다. 그의 선교사역은 코아우일라주의 총독 마데로(Madero)에게 침례교회에 대한 대단히 좋은 인상을 심어 주게 되었다. 마데로 총독은 만약 침례교회가 멕시코의 코아우일라주에 훌륭한 학교를 설립한다면 국가에서 상당한 원조를 하겠노라고 제의하였다. 파월 선교사는 이 제안을 선교부에 제출하였지만 기금이 국가에서 온 원조라는 이유로 받아들여지지 않았다. 후에 마데로 총독은 개인적으로 막대한 금액을 기증하였고 그 기금은 마데로 학원(Madero Institute)이 설립되는 데 쓰였다.

후기

　'암흑기' 동안에도 가톨릭교회와 어떠한 연결점도 없었던 많은 그리스도인들과 독립된 여러 교회들이 있었다. 그들 중 일부는 그 정통성이 사도들의 시대까지 거슬러 올라갈 수 있는 교회들이었다. 그들은 언제나 가톨릭과 그 교리를 전적으로 거절하고 부정하였다. 이것은 믿을 만한 역사를 통해 분명하게 증명된 사실이다.

　그리스도인들은 끊임없이 쓰라리고 가혹한 핍박의 대상이 되었다. 역사가 전하는 바에 의하면 A.D. 426년부터 시작되었던 약 12세기 동안의 '암흑기'에 무릇 5천만 명의 그리스도인들이 순교의 죽음을 당하였다고 한다. 암흑기 이전과 이후의 시기에도 수천수만의 다른 그리스도인들이 잔악한 박해의 손길 아래 죽어갔던 것이다.

　그리스도인들은 여러 세기 동안 계속되었던 어둠의 날들 동안 여러 가지 이름으로 불렸는데 그러한 명칭은 모두 그들의 적들이 붙여준 것이었다. 이러한 이름들은 때로는 뛰어나고 영웅적인 지도자의 이름을 따르거나 또는 다른 이유로 붙여진 것이며, 동일한 견해를 갖고 있던 동일한 사람들이 지역에 따라 다르게 불릴 때도 있었다. 그러나 이름들의 다양한 변화 가운데에서도 암흑기 내내 그리스도인들에게 고수되던 이름이 하나 있었으니 '재침례파(Ana-Baptist)'라는 칭호였다. 이 명칭은 3세기에 처음 등장하는데 유아 침례가 생긴 직후이며 더욱더 시사적인 것은 가톨릭이라는 명칭이 사용되기 이전의 일이었다는 것이다. 이처럼 '재침례파'라는 명칭은 역사상 가장 오래된 그리스도인 교파의 이름이라는 것을 나타내고 있다.

그리스도인들의 두드러진 독특성은 다음 세기에도 계속되었다. 그들은 '유아 침례'라는 인간이 만든 교리를 부인하고 그것이 침례였다 할지라도 유아 시절 침례를 받았던 사람들이 그들에게 왔을 때에 새로운 침례를 요구하였다. 이러한 특징으로 인하여 그들이 '재침례파'라 불리게 되었던 것이다.

이 특별한 호칭은 다른 이름들을 가진 많은 그리스도인들 특히 도나티스트, 폴리시안, 알비젠시스 그리고 고대의 왈덴시스와 그 외의 사람들에게 사용되었다. 이후 이 명칭은 특수한 무리에게 통상적으로 적용된 이름이 되었다. 이러한 사람들은 단순히 '재침례파'라고 불리었고 다른 모든 명칭은 차츰 사라졌다. 16세기 초 모든 개신교 교회들 중에서 가장 먼저 등장한 루터교회가 생기기 전 '재(Ana)'라는 말이 떨어져 나가기 시작하였고 그들은 단순히 '침례교도'라고 불렸다.

어떠한 면에서도 가톨릭과 동일시할 수 없었던 한 교회들의 무리가 암흑기의 시작과 함께하였고, 어떤 면에서도 가톨릭과 동일시 할 수 없었던 그 한 교회들의 무리가 암흑기의 끝도 함께하였다.

아래에 소개하는 것은 바로 암흑기가 시작될 즈음에 그들이 지킨 근본적인 교리이며 암흑기가 끝나갈 무렵에도 그들이 굳게 지켰던 교리이자 오늘날에도 그들이 굳게 지키고 있는 것들이다.

기본적인 교리 _____

1. 영적인 교회: 그리스도는 교회의 설립자이며, 머리이며, 입법자이다.
2. 의식: 침례와 주의 만찬 두 가지 뿐이다. 이것은 상징적이며 기념하는 것뿐이요, 구원을 위한 것은 아니다.
3. 직분: 감독 혹은 목사와 집사 단 두 가지이며 그들은 교회를 섬기는 종이다.
4. 운영: 순수한 민주주의이며 법을 시행하는 기관이요, 입법 기관이 아니다.
5. 법과 교리: 신약성경뿐이다.
6. 회원: 믿는 자에 한한다. 성령의 거듭나게 하시는 능력을 통하여 행위가 아니라 은혜로 구원받은 자들이다.
7. 필수조건: 믿는 자가 교회에 회원이 되고자 할 때는 침례를 받

고 신약성경의 모든 말씀에 순종하고 충실해야 한다.
8. 다양한 교회들: 하나님 앞에서의 책임에 있어서 훈련과 법의 실행의 면에서 각각 분리되고 독립되어 있지만 사역은 서로 협력한다.
9. 교회와 국가의 완전한 분리
10. 모든 사람에 대한 절대적인 신앙의 자유

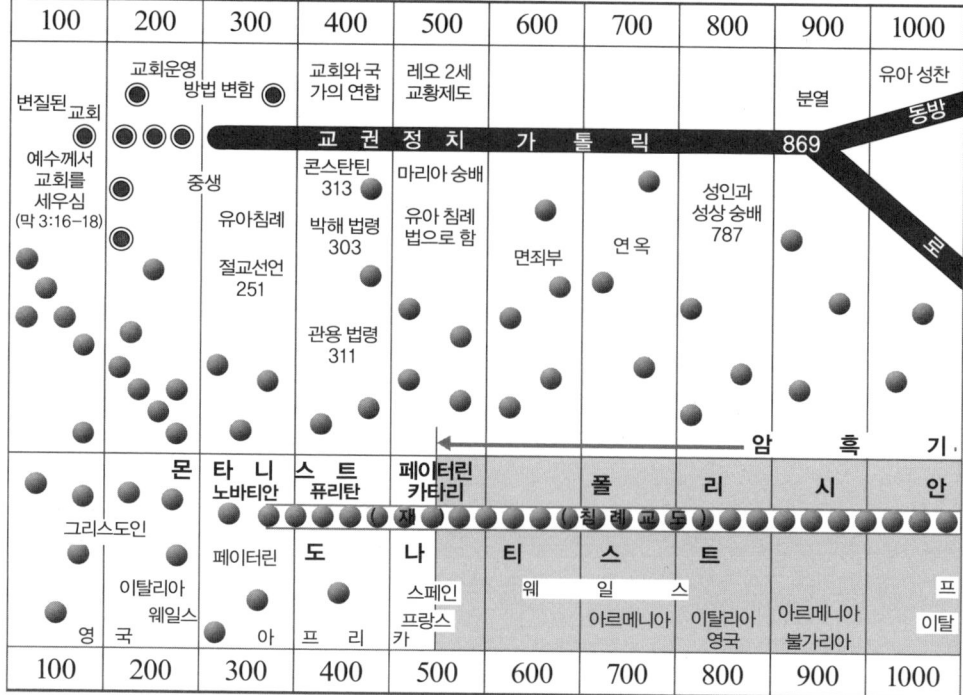

피 흘린 발자취

1. 이 책을 쓰고 도표를 그린 목적은 그리스도 이래로 장구한 교회의 역사 속에서 끊이지 않고 이어온 침례교회의 역사적 명맥과 '내가 내 교회를 세우리니 음부의 권세가 이기지 못하리라'고 말씀하신 그리스도의 예언이 침례교회를 통해서 온전히 성취되었음을 보여주기 위해서다. 변질된 교회들 가운데서 가톨릭주의(Catholicism)와 신교주의적 경향(Protestantism)이 밝히 보이지만 침례교회는 가톨릭에서 나오지 않았으므로 엄밀한 의미에서 신교(Protestant, 프로테스탄트)라고 할 수 없다.(원문에서 직접적으로 교회를 나타내기보다는 가톨릭과 프로테스탄트가 가진 오류와 독선을 나타내는 -ism이 사용되었다 - 역자)

2. 맨 위와 맨 아래의 숫자는 1~20세기를 나타내며 세로선은 1세기, 즉 100년 단위의 시기를 차례로 나타낸다.

3. 아래쪽 가로선 사이에는 침례교도들에게 붙여진 별명인 노바티안, 몬타니스트, 폴리시안, 왈덴시스 등이 시대와 연대에 따라 표기되었다.

4. 고리 모양 원(◉)은 침례교회를 가리킨다. 침례교회의 역사는 그리스도의 지상사역 기간 중 그분에 의해 세워진 예루살렘 교회로부터 시작된다. 그다음은 거기에서 파생된 다른 유대교회들과 안디옥 교회 그리고 기타의 교회들로 이어진다. 붉은 색(이 책에서는 검은 원)은 그들이 받은 박해를 의미한다. 심한 반대와 박해에도 불구하고 침례교회는 어느 시대에나 있었으며 그들에게 붙여진 첫 번째의 별명은 '그리스도인'이었고 그다음은 '재침례파'였다. 회색의 음영 부분은 암흑기를 나타낸다. 암흑기에도 '재침례파'라고 불리던 침례교회의 끊이지 않는 명맥을 볼 수 있다. 그들은 죽음에 이르기까지 가톨릭에 의해

주 예수 그리스도의 시대부터 20세기에 걸친 기독교의 역사를 표현한 도표이다.   J. M. 캐롤

1100	1200	1300	1400	1500	1600	1700	1800	1900	2000

정 교 회
화채설

금혼법 1123
페트로브루시안 & 아놀디스트 1139

프리드리히 폐위 1215
고해성사 1215
종교재판 1231

위클리프 1320-1384

사보나놀라 1452-1498
후스 1373-1415

TRENT
1483-1546 루터
칼빈 1509-1564
아우크스부르크 1555

1530 루터 교회
1541 장로교회
웨스트 팔리아 1648

1810 컴벌랜드
1812 제자회
1602 회중교회

가 톨 릭
1229 성경 금함
(1531)
츠빙글리 1484-1531
1531
번역 1628-1688
영국국교회
1785 감리교회

아놀디스트 알비젠시스 침 례 교 도
재 침 례 파
헨리시안 왈 덴 시 스

랑스 리아	영국 웨일스	독 일 이탈리아	폴란드	알프스	독일	프랑스	아 메 리 카 (미 국)	러시아 쿠바	
1100	1200	1300	1400	1500	1600	1700	1800	1900	2000

지속적인 박해를 받았으며 16세기 초에 이르러 '재(아나)'가 떨어져 나가고 단순히 '침례교도(밥티스트)'라 불렸다.

5. 검은 원(●)은 오류를 허용한 잘못된 교회들을 나타낸다. 처음의 오류는 바로 교회의 정치와 운영에서 나타났는데 그리스도가 부여하지 않은 권위를 성직자들이 스스로 주장하면서 시작되었다. 대형 교회의 성직자들이 다른 교회들과 작은 교회들에 임의적인 권위를 행사하기 시작하였다. 3세기에 로마 가톨릭의 교권주의가 세워졌다. 콘스탄틴 황제가 313년 종교회의를 열기 위해 모든 교회의 대표자들에게 초청장을 보냈다. 검은 원이 상징하는 침례교회들은 참여를 거절하였으나 잘못된 교회들은 참석하였다. 황제는 교회의 머리가 되었고 그 잘못된 교회들은 국교회가 되었다. 레오 2세가 베드로의 계승자라고 주장하기까지 황제는 계속해서 교회의 머리가 되었는데, 이처럼 교회 운영의 오류가 어떻게 가톨릭 교황체제로 발전해 갔는지를 알 수 있다. 16세기에 프로테스탄트 교회들이 로마 가톨릭에서 이탈하기 시작하였는데 이들을 프로테스탄트(Protestant)라고 부르는 이유는 그들이 가톨릭의 오류에 저항(Protest)하였기 때문이다.

6. 침례교회가 잘못된 교회들과의 단교를 선언한 것은 251년경이다. 그들은 유아 침례와 침례를 통해 구원받는다는 교리를 거부하였으므로 가장 오래된 별명인 '재침례파(Ana-Baptists)'라는 별명을 얻게 되었다. 이 별명은 과거 변질된 교회에 몸담았던 이들에게 새로운 침례를 요구하는 것에서 비롯되었다.

피 흘린 발자취

초판 1쇄 인쇄 2018년 9월 1일
초판 1쇄 발행 2018년 9월 5일

글 | J.M. 캐롤
옮김 | 박상훈
감수 | 윤창선 목사
펴낸곳 | 꿈꾸는사람들
등록번호 | 제22-3068호
주소 | 서울시 구로구 디지털로 272 한신 it 타워 1108호
전화 | 02-537-1932
팩스 | 02-537-1942
이메일 | cmssmo@naver.com

ISBN 979-11-5689-052-2 (03230)

※ 정가는 뒤표지에 있습니다. 잘못된 책은 바꾸어 드립니다.